Quantitative Analysis of Ads Data
How to Become a Powerful Ads Optimizer

广告数据定量分析

如何成为一位厉害的广告优化师

齐云涧 / 著

图书在版编目（CIP）数据

广告数据定量分析：如何成为一位厉害的广告优化师 / 齐云涧著 . —北京：机械工业出版社，2019.6（2024.3 重印）

（数据分析与决策技术丛书）

ISBN 978-7-111-63112-5

I. 广… II. 齐… III. 广告 – 定量分析 IV. F713.8

中国版本图书馆 CIP 数据核字（2019）第 130928 号

广告数据定量分析：如何成为一位厉害的广告优化师

出版发行：机械工业出版社（北京市西城区百万庄大街 22 号 邮政编码：100037）

责任编辑：杨福川　　　　　　　　　　　　责任校对：殷　虹

印　　刷：北京建宏印刷有限公司　　　　版　　次：2024 年 3 月第 1 版第 8 次印刷

开　　本：186mm×240mm　1/16　　　　印　　张：16

书　　号：ISBN 978-7-111-63112-5　　　　定　　价：79.00 元

客服电话：(010) 88361066　68326294

版权所有·侵权必究
封底无防伪标均为盗版

Foreword 推荐语

随着流量红利的快速消失,广告行业的竞争愈加激烈。广告人的核心竞争力越来越需要用广告产生的营销效果衡量。而营销效果的提升主要依赖优化师的能力以及不断进步的广告数据技术。齐云涧在广告优化方面有着丰富的经验和深入的思考,在本书中他将这些重要的知识分享给大家。

——王晔　吆喝科技 CEO

随着互联网人口红利的消失,数字营销的成本越来越高。如何为企业有效降低在线广告成本或提升 ROI 成为企业迫切的需求,这也是摆在每个广告优化师面前的问题。而数据分析作为广告优化师的一项重要的技能,正是解决个人未来发展问题的一把金钥匙。

本书是难得一见的实战性很强的著作,其系统性地讲解了广告优化师如何将数据分析应用于广告优化实践。云涧更是我所熟知的广告优化数据分析的实践者和推动者。本书不仅理论体系扎实,而且实践案例丰富,无论是初级广告优化师还是资深广告优化师,阅读本书都会有很大的收获。可以说是在当前的数字营销环境下,广告优化师用于提升自身竞争力,提高广告优化技能的一本案头书。

——曹光耀　阿里巴巴高级专家、浙江大学讲师团专家

互联网广告优化师这个岗位已经变得很常见,但拥有系统化方法论的优化师少之又少,本书从广告优化和广告优化数据分析过程中涉及的相关概念及定义,到方法体系与实操落地都能系统化地梳理清楚,可以说是优化师的枕边书,既适合初学,也适合帮助有一定基础的优化师厘清思路,完善其优化方法论体系,让广告优化师做到知其然更知其所以然,值得深读。

——孙平跃　知乎运营总监

我自己是学广告的，毕业后也一直是做广告相关的工作，如何在可控的成本内通过广告把产品传播出去，提升销量，是值得所有广告相关从业者思考的。希望本书可以启发大家。

——万佩　姑婆那些事创始人

云涧邀请我为他的新书写推荐语时我是又惊又喜的，惊讶的是他竟然舍得把自己多年的实战经验毫无保留地公之于众，欢喜的是终于有人把广告投放领域的数据分析这件事阐述得如此详实。

自广告优化师这个职业诞生之日起，数据分析就一直是从业者心心念念的提效法宝。但由于缺乏系统的基础理论学习，很多优化师的数据分析工作还仅仅围绕在整理各种 Excel 报表上，时间投入之大和收效之微形成了触目惊心的反差，这样僵化的"数据分析"极易陷入"自动模式"的效率陷阱，几乎没有任何生产力可言。

在云涧的新书中，他开创性地将他的学院派数据分析知识与广告优化中的应用场景一一对应，配以大量的案例，真正做到了理论联系实践，是一本难得的诚意之作。

——曲海佳　互联网营销专家

数据分析是广告优化的基础能力，广告投放过程中通过数据分析挖掘改进点，可以数倍降低用户获取的成本。本书有很强的专业性，并有大量的案例解读帮助读者更好地理解和进行实际操作。尤其是针对这个行业的数据分析资料非常缺乏，强烈推荐各位阅读。

——鸟哥笔记

拜读本书，我发现对广告优化师能力提升有所限制的，并不是掌握的优化思路和方法的数量，而是如何科学地进行广告数据定量分析。数据分析不是广告优化师优化的唯一能力，但直接决定了广告优化结果的优劣，进而限制了职业发展。

本书基于云涧老师统计学和多年广告优化实战经验写作，从 KPI 出发，结合实际案例，总结了 PLCSS 广告数据定量分析的理念和方法，教我们在广告优化分析数据时能更加客观和科学，帮我们解决了广告优化中的诸多疑问，全面系统地提升了我们的数据分析和优化思维能力，是我们通往高阶优化的阶梯和捷径。

——艾奇在线

前言 Preface

为什么要写这本书

现如今,数据、大数据、数据分析成为互联网行业的热门词汇。数据定量分析的方法论已经在互联网诸多领域创造价值,如量化投资、互联网金融征信和风控、广告监测等。而广告优化领域的数据分析还处在非常落后的状态,大部分广告优化师只掌握了环比、同比、百分比等数据描述的基础方法和折线图、柱状图等基础图表,优化师的优化工作以经验主义居多,优化能力的同质化严重。我在服务广告主的过程中,一直探索通过数据定量分析的方法,将广告数据分析这件事做得更好,为客户的广告投放创造更大价值,2017年我将服务某客户的历程做了总结,写成一篇《玩转应用商店——相关性分析实现不同广告位资源的配比优化》,不曾想在业内引起了小小的轰动,得到多位资深业内人士的认可,说明了我的研究方向——"广告数据定量分析"是很有价值的。

实际上,广告数据定量分析在网站分析和产品运营中早已践行,如转化率优化、AB测试的方法论,就是建立在统计学基础上的数据分析。最近两年,GrowingIO、诸葛IO、吆喝科技等数据创业公司的兴起,更是说明了市场上数据驱动用户增长和效果优化的用户需求很大,市场前景广阔。

近年来,随着互联网广告行业市场规模增长,新的广告媒体和广告类型层出不穷,互联网创业方兴未艾,对广告优化师的需求渐长,广告优化师队伍人数激增,越来越年轻化。而一直以来,优化功底过硬、经验丰富的优化师都是业内的稀缺人才。一方面,从拉勾网、BOSS 直聘的搜索结果可以看出，拥有 3～5 年经验的市场推广人才是很多公司急缺的。另一方面，数据分析作为广告优化师的必备技能一直是业界共识，但由于缺乏系统的学习和培训，广告优化师从业者的数据分析功底良莠不齐，对数据分析一知半解的大有人在，哪怕有心想学习提高的业内人士，也没有合适的学习资料。对他们来说，纯数据分析的书籍和视频课程，学习门槛较高，且难以学以致用；而结合广告优化的数据分析文章干货难觅，多是营销软文的性质，难以满足学习需求。国内至今没有一本关于广告优化数据分析的正式著作出版，本书正好开创了先例。

在本书中，我希望能在以下几个方面为行业发展添砖加瓦：

1）指出广告优化师提高数据分析能力的方向，即通过科学的数据定量分析，从 KPI 出发以终为始，精益优化；

2）为想成为高级优化师，渴望塑造个人核心竞争力的读者踏出一条大道，为年轻的优化师实现跨越式发展、弯道超车提供助力；

3）对现在的优化师的广告优化工作有所启发，促进行业内更多的交流和创新；

4）填补广告优化与数据定量分析这一交叉领域的空白，提高广告优化岗位的技术含量和经济价值。

读者对象

- 甲方广告主从事渠道运营的相关人员
- 乙方广告代理公司的初中级广告优化师
- 广告媒体方的运营人员
- 其他关注流量购买和转化的读者群体

本书特色

数据分析作为广告优化师的必备技能一直是业界共识，但亚马逊、京东上以"广告数据分析"为主题的书尚且没有搜索结果,在知乎的一些问答中,资深人士多推荐纯数据分析的书籍,说明广告优化与数据分析的交叉领域尚处空白。

本书在内容上几乎涵盖了互联网主流的广告形式和优化方法论,从 KPI 出发,以终为始。从统计学的基础,讲到 SEM 广告、应用商店广告、信息流广告的优化,一直到从社会学角度剖析广告业内的 3 种角色,最后展望了广告优化的未来发展。同时书中提供了丰富的案例,实践了作者提出的广告的数据定量分析方法论,对一些优质的数据分析工具也进行了相关阐述,知无不言、言无不尽。

如何阅读本书

本书的内容可分为 3 大部分:

基础部分(第 1~3 章和第 8 章),介绍了广告优化中的统计学思想和基本原理,为后文讲述数据分析方法论打好基础。在最后一章对互联网广告商业生态进行阐述,关于广告优化师如何实现个人精进成长有所分享。

应用部分(第 4~7 章除案例部分),以移动广告市场上 3 大主流广告类型为例,分别阐述不同广告类型的流量特点、优化难点,并提出一些创新性的数据分析方法论。另外对于多广告推广渠道的综合效果评估和统筹优化也做了深入讲解。

实例部分(第 4~7 章案例部分),通过对 4 个具有代表性的广告优化项目的案例讲解,让读者了解广告数据定量分析和效果优化的完整流程。

勘误和支持

由于作者的水平有限,编写时间仓促,书中难免会出现一些错误或者不准确的地方,恳请读者批评指正。为此,特意留下我的联系邮箱 qiyunjian@126.com,如果你遇到任何问题,欢迎邮件交流,我将及时为读者提供最满意的解答,期待能够得到你们的真挚反馈。

致谢

首先要感谢宋星老师,感谢你作为前辈对我一如既往的提携和帮助,得益于你的自媒体平台,我的一些文章得以在业内传播和提高影响力。

感谢曲海佳老师,在与你共事的日子里,你在专业上给予我很多指导,肯定了广告数据定量分析的价值,鼓励我坚定地研究下去。

感谢我任职过的致维科技、量化派,因为领导层的开明和支持,才让我在有了大量的广告数据基础上,进行更深入研究的可能。

感谢机械工业出版社的编辑杨福川、张锡鹏,在这一年多的时间中始终支持我的写作,你们的鼓励和帮助引导我顺利完成全部书稿。

最后感谢我的家人和朋友们,感谢你们对我写作的关心和支持。

感谢国家图书馆、通州区图书馆为我提供了良好的写作环境。

谨以此书献给众多从事广告优化、渠道运营的朋友们!

齐云涧

Contents 目 录

推荐语
前言

第1章 广告优化中的统计学 ··········· 1
1.1 统计学：用一句话解释它是什么 ··········· 1
1.2 学会运用统计：读者的目标 ··········· 2
1.2.1 理解统计学术语 ··········· 2
1.2.2 掌握科学的数据分析方法论 ··········· 2
1.2.3 理解什么地方可能出差错 ··········· 3
1.3 统计学的主要思想 ··········· 4
1.3.1 随机性和规律性 ··········· 4
1.3.2 规律性中的随机性 ··········· 5
1.3.3 概率：什么是机会 ··········· 6
1.3.4 变量和值 ··········· 6
1.3.5 常数 ··········· 7
1.4 统计学和广告优化的关系 ··········· 7
1.5 广告数据定量分析的主要理念 ··········· 9
1.5.1 目的性 Purpose ··········· 9
1.5.2 有限性 Limited ··········· 10
1.5.3 相关性 Correlation ··········· 12
1.5.4 抽样性 Sampling ··········· 14
1.5.5 显著性 Significance ··········· 15
1.6 本章小结 ··········· 15

第 2 章　广告数据分析中的统计学原理 ···················· 16

2.1　抽样：总体、样本和误差 ···················· 16
2.2　概率 ···················· 20
2.3　概率分布 ···················· 21
2.3.1　正态分布 ···················· 21
2.3.2　标准正态分布 ···················· 23
2.3.3　中心极限定理 ···················· 24
2.4　统计推断：估计 ···················· 25
2.4.1　估计：用样本数据预估总体 ···················· 25
2.4.2　区间估计 ···················· 25
2.4.3　总体比例的置信区间 ···················· 27
2.4.4　总体均值的置信区间 ···················· 28
2.5　统计推断：假设检验 ···················· 31
2.5.1　简单好用的 p 值 ···················· 31
2.5.2　两个总体比例之差的显著性检验 ···················· 32
2.5.3　两个总体均值之差的显著性检验 ···················· 36
2.6　变量间关系 ···················· 37
2.7　自变量和因变量之间的关系 ···················· 38
2.8　两个数值型变量的关系 ···················· 39
2.8.1　相关分析 ···················· 39
2.8.2　回归分析 ···················· 43
2.9　分类型变量和数值型变量的关系 ···················· 46
2.10　本章小结 ···················· 51

第 3 章　广告数据的描述：图表 ···················· 52

3.1　初阶：维度和指标 ···················· 52
3.1.1　看分布 ···················· 53
3.1.2　看趋势 ···················· 56
3.1.3　多维度和指标交叉 ···················· 61
3.1.4　看相关 ···················· 64

3.2 进阶：用户行为洞察 66
　　3.2.1 漏斗图 66
　　3.2.2 用户行为路径图 69
3.3 本章小结 71

第 4 章　SEM 广告数据分析 72

4.1 认识 SEM 广告 72
　　4.1.1 SEM 广告发展现状 72
　　4.1.2 SEM 推广渠道的特点 74
　　4.1.3 SEM 广告数据分析痛点 76
4.2 SEM 广告数据分析关键指标解读 81
　　4.2.1 CPC 81
　　4.2.2 CTR 83
　　4.2.3 质量度 85
　　4.2.4 平均排名 86
4.3 SEM 数据分析方法论 88
　　4.3.1 帕累托法则 88
　　4.3.2 四象限分析 89
　　4.3.3 显著性检验 91
　　4.3.4 关键词评分体系 94
4.4 案例：某招聘网站的百度 SEM 广告优化 101
　　4.4.1 项目背景 101
　　4.4.2 优化难点 104
　　4.4.3 优化思路 106
　　4.4.4 优化执行 107
　　4.4.5 效果评估 112
4.5 本章小结 114

第 5 章　信息流广告数据分析 115

5.1 认识信息流广告 115

	5.1.1 信息流广告发展现状	115
	5.1.2 信息流推广渠道的特点	118
	5.1.3 信息流广告数据分析痛点	119
5.2	信息流广告数据分析关键指标解读	124
	5.2.1 ECPM 和 CTR	124
	5.2.2 用户画像和广告定向	128
5.3	信息流广告数据分析方法论	131
	5.3.1 A/B 测试	131
	5.3.2 朴素贝叶斯算法——优化广告定向	137
	5.3.3 创意定量化的解决思路	142
5.4	案例：某金融 App 的今日头条信息流广告优化	146
	5.4.1 项目背景	146
	5.4.2 优化难点	147
	5.4.3 优化思路	148
	5.4.4 优化执行	148
	5.4.5 效果评估	155
5.5	本章小结	156

第 6 章　应用商店广告数据分析　157

6.1	认识应用商店广告	157
	6.1.1 应用商店广告的发展现状	157
	6.1.2 应用商店推广渠道的特点	160
	6.1.3 应用商店的几大核心广告资源介绍	162
	6.1.4 应用商店广告数据分析痛点	164
6.2	应用商店广告数据分析关键指标解读	171
	6.2.1 自然量	171
	6.2.2 CPA	175
	6.2.3 ROI	178
	6.2.4 各广告位流量配比	180
6.3	应用商店广告数据分析方法论	181

		6.3.1 相关性分析	181
		6.3.2 线性回归分析	185
		6.3.3 显著性检验分析	193
	6.4	案例：某生活消费 App 在小米应用商店渠道的广告优化	196
		6.4.1 项目背景	196
		6.4.2 优化难点	199
		6.4.3 优化思路	200
		6.4.4 优化执行	201
		6.4.5 效果评估	210
	6.5	本章小结	212

第 7 章　多广告推广渠道的统筹优化　213

7.1	多渠道广告统筹优化的现状	213
7.2	多渠道广告数据分析方法论：综合效果评分模型	215
7.3	案例：某金融 App 在多广告渠道的统筹优化	217
	7.3.1 项目背景	217
	7.3.2 优化思路和执行	217
	7.3.3 效果评估	226
7.4	本章小结	227

第 8 章　广告优化的未来会好吗　228

8.1	广告业内的 3 种角色	228
	8.1.1 角色期待	229
	8.1.2 角色冲突与认知偏差	233
	8.1.3 囚徒困境	234
8.2	广告优化的作用	237
	8.2.1 广告优化的边界	237
	8.2.2 广告优化的展望	238
	8.2.3 广告优化师的精进之道：内部创业者	238
8.3	本章小结	240

第 1 章

广告优化中的统计学

正如书名所示,本书的目标是想帮助读者了解统计学知识,掌握科学的数据分析方法论,并在广告优化中践行,以实现数据驱动的广告分析和效果优化。

本章会从统计学的基本定义出发,用通俗易懂的语言向读者说明统计学和广告优化之间的关系。读者阅读本书的目标应是学会运用统计学知识,了解统计学和广告数据定量分析的主要思想和理念。

1.1 统计学:用一句话解释它是什么

统计学是通过1)收集数据、2)分析数据、3)由数据得出结论等手段,以达到推测所测对象的本质,甚至预测对象未来的一门综合性科学。

以互联网广告优化为例:1)从媒体广告平台获取曝光、点击等数据,从广告主数据后台获取注册量、线索量、获客成本等数据,即为收集数据;2)从广告点击率、获客成本等多个维度对广告效果进行评估,即为分析数据;3)围绕"以更低的成本获取更多更优质的流量,提升广告投放的 ROI"这一核心诉求,给出广告优化策略,指导下一步的优化操作,即为得出结论。

1.2 学会运用统计：读者的目标

1.2.1 理解统计学术语

如果不能理解统计学术语，那么我们就无法从统计分析结果中获取更多有用信息。下面举几个例子：

1. 对于某个日均 UV 上万的页面做 A/B 测试，原始版本的转化率是 5.6%，试验版本 _1 的转化率是 6.4%，看似转化率提高了 0.8 个百分点，但这会不会是随机波动导致的呢？但 A/B 测试系统会告诉你，转化率是显著优化的，也就是说试验版本 _1 的转化率确实要更好一点。

2. 某 App 在小米应用商店的广告投放数据显示，该 App 的总激活量和首页精品广告（注：一类很重要的广告位）带来的下载量是高度相关的，是否建议提高精品广告的出价呢？

3. 本周 360 渠道的注册成本环比增长 12%，同比下降 8%，综合比较来看注册成本是优化了吗？

以上涉及了几种最常见的统计学术语，对于知道它们的人来说，这些术语中包含了有用的信息；而不知道这些术语的人，根本不知道这些术语代表什么，甚至会得出错误的结论。

1.2.2 掌握科学的数据分析方法论

在从事广告优化师的数年中，我一直在思考数据分析和广告优化之间的关系。不论是广告公司还是广告主，都表现出对数据分析的高度关注。在具体优化工作中，同样的数据结果，不同的广告优化师可能会有着不同的分析和洞察，随之而来的优化效果也会有一定的差异。

可以这样说，大多数广告优化师没有受过专业的统计学思维训练，他们对数据分析的认知还停留在百分比、环比、同比等简单的概念上。举个例子，"昨天的注册量是 2,

今天的注册量是 4，有广告优化师就在给广告主的日报中这样写道：优化有效果，注册量增长 100%。"这种从 2 到 4 的随机波动难道真能反映出什么规律吗？也许有，但任何一个接受过专业统计学训练的人都会认为这很困难。

广告优化这件事情，说简单点就是要不断地做正确的事情，在其他变量基本不变的条件下，只对少数变量做调整，积累数据，评估该调整是否能使效果显著优化，然后继续循环。科学的数据分析方法论能帮助我们更科学地设计优化试验，更高效地积累数据，更准确地评估优化效果，进而指导下一次的优化试验。

1.2.3 理解什么地方可能出差错

瑞典数学家、作家安德烈斯曾说过一句话："用数据说谎容易，但是用数据说出真相却很难。"下面用一个例子来说明，广告数据分析中什么地方可能出错。

例：简单平均，还是加权平均？

表 1-1 是某 App 在某应用商店共计两周的广告投放数据。下面我们分别用简单平均和加权平均两种计算方法，计算第一周和第二周的平均成本。

表 1-1 某 App 在某应用商店的广告投放数据

日 期	消 费	下载量	注 册	注册成本	简单平均注册成本	加权平均注册成本
2016/5/30	12 788	1302	551	23.21	27.06	27.02
2016/5/31	16 014	1637	624	25.66		
2016/6/1	17 699	1771	591	29.95		
2016/6/2	17 227	1746	570	30.22		
2016/6/3	14 546	1460	623	23.35		
2016/6/4	18 389	1803	711	25.86		
2016/6/5	18 908	1801	607	31.15		
2016/6/6	11 172	1117	325	34.38	34.02	29.79
2016/6/7	10 876	1134	223	48.77		
2016/6/8	12 434	1683	238	52.24		
2016/6/9	17 288	1824	573	30.17		
2016/6/10	15 033	1496	631	23.82		
2016/6/11	18 542	1686	726	25.54		
2016/6/12	15 643	1702	674	23.21		

简单平均成本：用每一天的注册成本加总，再除以 7 天，得到第二周的注册成本高达 34.0 元，环比第一周上涨 26%。

加权平均成本：回归到注册成本的公式本身，用 7 天的消费合计除以注册量合计，得到第二周的注册成本 29.8 元，环比第一周仅上涨 10%。

结论：简单平均看似没有问题，但计算结果却和加权平均的计算结果相差超过 15 个百分点。由此可见，广告优化中能够理解什么地方可能出错是多么重要。

举一反三

凡是有计算公式的数据指标，如点击率、平均排名、平均点击成本、转化率等，在求平均时需多加注意，这些数据指标大多数不能直接简单相加求平均。正确的做法是回到公式本身，先将原始数据求合计，再进行计算。

1.3 统计学的主要思想

1.3.1 随机性和规律性

当我们不能准确预测一件事情的结果时，随机性就和这件事联系起来了。例如，当我们抛掷一枚硬币时，我们并不能确定硬币会出现正面向上还是反面向上的结果。类似地，当我们对某个关键词提高出价时，我们也不能确定该关键词带来的点击量一定会提高。

不过，当我们把随机的事件放在一起时，它们将表现出令人惊奇的规律性。甚至当我们观察抛掷硬币这一看似完全随机的事情时，趋势和概率也变得很明显。例如，我们抛掷硬币 100 次，会发现差不多有 50 次正面向上，50 次反面向上。

类似地，当一个网民在百度搜索"英语培训"一词时，搜索引擎会展现包含 SEM 广告在内的搜索结果页，他可能点击我们排名第 2 的 SEM 广告，也可能不点击。但我们在广告后台可能会看到这个关键词近一周的点击率（点击量/展现量）是比较稳定的，这是因为一个网民是否点击我们的 SEM 广告，是有随机性的，但"英语培训"是一个热门词，网民的日均检索量能达到几千，得到的点击率数据反映的将不再是单个网民的意志，而是检索"英语培训"一词的整个网民群体的真实用户需求。

引用：通过对看起来随机的现象进行统计分析，我们开始认识这个世界。统计思想的基础知识能够帮助我们把随机性归纳于可能的规律中。统计思想从我们如何观察事物和事物本身如何真正发生两方面，帮助我们理解随机性和规律性的重要性。因此，统计学可以看作是一项对随机性中的规律性的研究。——《统计学（基本概念和方法）》

1.3.2 规律性中的随机性

正如上文提到的，我们在广告后台可能会看到这个关键词近一周的点击率是比较稳定的，请注意是比较稳定，而不是恒定在某个准确的数字。这就是我想告诉你的，规律也会表现出某种随机性。如果我们再抛掷硬币 100 次，很大可能得到的结果和之前那一次是不一样的。在第一次抛掷硬币试验中，可能有 49 次正面向上，然而在第二次抛掷硬币试验中可能只有 47 次正面向上。

不管我们是否再进行一次或一组新的试验，大多数情况下我们并不能得到和上次试验一模一样的数据。这种偏差不仅仅发生于抛掷硬币中，也会发生于调查、试验和其他任何一种数据收集中。比如观察某个信息流广告的创意 a 的转化率，今天有 1000 次点击，转化率接近 3%；明天还是同样的创意 a，还是同样的出价和 1000 次点击，但转化率可能会相差 ±1%。

这两个比例之间的差异主要是由于数据本身的随机性引起的。在这种意义上来说，统计学就成了一种研究数据中的偏差问题的手段。

根据作为统计学基础的数学理论，我们可以确定一项调查或试验中的某一比例有多大的随机性，以及在下一次的重复调查或试验中，这个比例可能有多大的偏差。我们甚至可以指出，这两个比例之间的差异，是否大到了随机性本身不能解释的地步，即这一项数据指标已经显著改变了。例如，还记得 1.2.1 节中提到的 A/B 测试吗？原始版本的转化率是 5.6%，试验版本_1 的转化率是 6.4%，A/B 测试系统会告诉你，转化率是显著优化的,换句话说,相差的 0.8 个百分点已经大到了随机性本身不能解释的地步。我们将在以后的章节中引申和详细讨论这类问题。

1.3.3 概率:什么是机会

概率是一个取于 0 和 1 之间的数,它告诉我们某一特定的事件以多大的机会发生。

在讨论随机性时,概率是一个非常重要的概念。概率为统计学的第三个方面,即如何从数据中得出结论,奠定了基石。我们或许永远不能十分确定,两个数字之间的差别是否已超过随机性本身可以解释的范围,但是我们可以确定,这种差别的概率是大还是小。

根据这个基本思想,我们将会有很多机会得出关于广告优化的有趣的结论。至于具体做法,我们将在后面的章节介绍。

1.3.4 变量和值

变量是指一个可以取两个或更多个可能值的特征、特质或属性。

统计学中的变量都可以是下面三种类型之一:

1. **数值型变量**。它的值可以取一些具体数字,这些值对于加法减法、求平均值等操作是有意义的。

例如,CPD 的出价可以是 1.5 元,也可以是 1.4 元,还可以是 1.8 元。

2. **顺序型变量**。描述事物等级或顺序,变量值可以是数值或字符,是可以比较大小的。

例如,SEM 关键词排名有第一、第二、第三等,转化成本可分为偏高、合适、偏低。

3. **分类型变量**。取值之间没有顺序差别,仅做分类,故不可比较大小。

例如，信息流广告定向中的性别定向分为男、女、其他；广告投放的时间是否是节假日，可分为工作日、周末和节假日。

统计学的另一个很重要的概念是值。**值**是指某一变量的具体取值。

例如，应用商店 CPD 广告出价为 1.2 元，这里的 1.2 即为变量"CPD 出价"的值。

表 1-2 列出了一些变量、变量的值的例子。

表 1-2　广告数据分析中常见的变量、变量类型及值

变量	变量类型	变量的值
性别	分类型变量	男、女
点击率（CTR）	数值型变量	0%, 0.1%, …, 3.2%, …
SEM 关键词质量度	顺序型变量	1, …, 9, 10
SEM 关键词状态	分类型变量	有效、暂停推广、不宜推广、搜索无效、审核中……
近 7 日日均下载量	数值型变量	3452
ECPM	数值型变量	48
昨日 UV	数值型变量	1145

1.3.5　常数

常数也作常量，是与变量相对的词，一个常数总是有一个固定的取值。

如果我们对 100 个看到我们广告的用户做调研，看有多大比例的人愿意点击我们的广告，比如是 5 个人；假定没有人改变主意，我们重复这项调研时，这个比例仍将是 5%，像这样一个不变的比例数就是常数。

如果只是抽象地阐述常数这一概念，大家可能很难理解，在 2.8.2 节中，我会结合实际优化案例进行更生动形象的解读。

1.4　统计学和广告优化的关系

看到这里，大家或许还有疑问，我们是做广告优化的，工作中学到的基础数据分析已经够用了，为什么还要学统计学呢？

下面，我想用三句话来阐述我认为的统计学和广告优化的关系。

第一句：君子善假于物——他山之石

这个典故出自《荀子·劝学》，意为君子的资质与一般人没有什么区别，君子之所以高于一般人，是因为他能善于利用外物。业内的一位前辈和我说过，广告优化是一个永无止境的过程。大家现在掌握的数据分析方法很可能已经够用了，已经能将广告投放效果做好，能让客户满意了，但依旧还有更好的数据分析方法论可以学习和利用，以帮助我们更科学地设计优化试验，更高效地积累数据，更准确地评估优化效果。举个例子，之前服务 5 个客户已经满负荷了，效果优化要 1 个月才能做好，但掌握了更先进的数据分析方法论后，或许就能服务 10 个客户，效果优化只要 3 周就能做好。如此一来，等待大家的不仅是升职加薪，更是个人核心价值的提升吧。

第二句：学院派与野路子——可以攻玉

这个提法并无褒贬的态度。个人认为，业内一些所谓的干货分享，重方法轻思想，不强调案例数据的有限性，缺乏可复制性和可迁移性。这也解释了，为什么看了那么多的干货分享，似乎掌握了各种各样的技巧，广告效果的优化还是不稳定。一旦开始优化实操，难免容易受到各种经验和教条的干扰，不利于做出正确的决策，优化效果往往不尽人意。以上即是野路子。

那什么是学院派呢？个人以为是基于对广告媒体的深刻理解、广告产品逻辑的准确认知、用户受众需求和偏好的洞察基础上，以统计学的思想和方法论指导我们的广告优化实操。对于每一个广告优化师来说，减少了个人认知、运气等主观成分，更加稳定和实用。

第三句：白猫与黑猫——实事求是

我写这本书，并不是为了一味宣扬学院派好，野路子不好。我所推崇的也是大家都熟悉的白猫黑猫论，即"不管黑猫白猫，能捉老鼠的就是好猫"。其实广告优化也是一样的，不在乎你用的什么技巧和方法，最终以两个 ROI 说话：第一个 ROI 是客户的；第二个 ROI 是广告公司的。某种程度上这两个 ROI 也是广告优化师自己的 ROI。换句话说，不论什么样的数据分析方法论，能更快、更有效提高客户 ROI 的，能更持续提高广告公司的劳动生产率的，都是好的数据分析方法论，都值得我们花时间和精力去研究和学习。

1.5 广告数据定量分析的主要理念

这里我将广告数据定量分析方法论总结提炼出来，形成一套可以指导广告优化的实用理念，以期大家读完有所启迪和共鸣。为了方便记忆，我将这些理念的英文单词首字母组合为 PLCSS，具体包括目的性 Purpose、有限性 Limited、相关性 Correlation、抽样性 Sampling、显著性 Significance，下面一一阐述。

1.5.1 目的性 Purpose

上文说到，广告优化应以两个 ROI 说话，以终为始，我们做广告数据定量分析的起点也应该是这两个 ROI。对广告数据的定量分析，一定要有很强的目的性，不能直击核心指标优化的数据分析可能有理论意义，但是没有现实价值。这里可以给大家分享一下我走过的弯路，我曾经花费大量的时间精力研究了根据历史数据预测当天小米应用商店分时段的曝光量和下载率，估算百度 SEM 中 App 下载样式的展现概率等，实际上也确实取得了一些成果。但我后来反思，这些问题都太"绕"，哪怕得出的结论具有借鉴意义，也不能直接有效地影响核心指标优化。更何况，这类问题往往具有天生的局限性，受媒体流量、产品逻辑的影响很深。

我所称的"目的性"，简单来说就是不要太"绕"。想优化什么核心指标就去找与它直接相关的变量，科学地进行对比试验、数据分析和效果评估。例如，在 SEM 广告优化中，想提高单个关键词的点击量，可以采取的方法包括但不限于：1）曝光量相对稳定的条件下，研究不同排名对点击率的影响，寻找最适合的排名位置组合，比如第 2 名和第 3 名各占 50%（普遍认为排名越靠前点击率越高）；2）轮替多套创意，对比多套创意的点击率优劣，得到点击率显著最优的那一套，请注意是显著最优，而非我们觉得最优，有疑惑的读者建议回顾 1.2.1 节中提到的 A/B 测试例子。

1.5.2 有限性 Limited

有限性是一个包含多个子概念的概念，下面逐一阐述。

1. 数据有效性

我们做的是广告数据定量分析，首要前提就是确保数据的真实性。试想如果实际点击量只有 80 次，但媒体告诉你是 100 次，那么计算出的转化率是偏低的，且很难做到相对稳定，优化就无从谈起。自此开始，我们的广告数据定量分析有了一个最基本的假设，即数据都是真实的。

接下来，聊聊各项数据的准确定义。

例如，什么是曝光量？乍一听是一个很简单的问题，实则不然。

在 SEM 广告中比较好理解，当网民搜索某个词，触发了我们广告后台的关键词，且关键词满足广告展现条件，网民在搜索结果页看到我们的关键词广告，以上即为一次曝光（或展现）。但对于应用商店广告（这里仅指安卓应用商店）、信息流广告就不一样了。

以华为应用市场为例。如果大家细心观察一下，应用商店首页推荐（有的应用商店叫精品）中，App 列表是一波又一波加载的，华为应用市场中一波差不多显示 25 个，即你第一次看到的是第 1 ~ 25 位，拉到底会加载，才能看到第 26 ~ 50 位。那么问题来了，如果我们推广的 App 排名第 26，但用户没有加载出第二波（第 26 ~ 50 位）时，算不算曝光量？关于这个问题，我曾经问过媒体官方，一直没有得到明确的回复。此外，现在的应用商店都有个性化推荐，这是排名之外更能决定曝光量的因素，这又给准确定义曝光量增加了不少困难。

信息流广告也有类似问题，当用户往下翻阅回顾旧内容时，之前加载出的广告依然还存在，算不算一次新的曝光？这还是最简单的情况，如果算上联网状态或断网状态、间隔时间长短、是否重启过 App 等因素，问题更加复杂。

我说这么多，想表达的就是，有些数据获取很容易，媒体的广告后台写得清清楚楚楚，但曝光量真的是有效曝光吗？下载量真的是有效下载吗？值得仔细揣摩。

又例如，在"曝光→下载→安装→激活→注册或登录"这一转化路径中，华为应用市场的规则是，没有安装成功则不收费，即广告后台显示的下载量等于安装量。为什么有时候大家在分析下载激活率时，会觉得这个指标波动较大，一定程度上是因为你跳过了"安装"环节，直接分析"下载→激活"的转化率，从而忽视了"下载→安装"的流失。

所以，当我们对某一数据指标进行分析前，请先关注它的准确定义和有效性。

有效的曝光量，有效的点击量，才能得到有效的点击率。

除此之外，各家广告后台有技术差异，数据总会有或多或少的延迟和误差，这些都是不可避免的。但因为是技术黑箱，很难直接观测，所以我们在做广告定量数据分析时，一般可假设不存在延迟和误差，如果得到的数据模型的拟合度（这里指数据模型的预测结果与实际发生情况的吻合程度，2.8.2 节中会有详细阐述）太低，则可以考虑加入一个常量，代指这些不可控的因素。

2. 存量优化与增量优化

这是《罗辑思维》里一个很常见的提法。存量和增量本身属于经济学的范畴。MBA 智库百科给出的定义是，存量是指系统在某一时点所保有的数量，增量则是指在某一段时间内系统中保有数量的变化。

映射到广告优化领域，存量和增量可以理解为：存量是指某一时间段内、在某一媒体的、预算相对稳定的广告投放所带来的流量；而增量则是指可以使固有存量的特性和流程发生变化的另外一些特性和流程，是那些新的增长点。

这里需要强调的是，存量与增量性质上是一样的，都是一套完善的流量获取流程。但对于这里所讲的内容来说，现阶段的广告数据定量分析更擅长做存量优化，在增量优化上则略逊一筹。这是由多方面原因造成的：第一，广告优化工作中接触的多为存量优化，这种优化的目的性更强，适用范围更广，研究的难度也更小一点；第二，广告数据定量分析太依赖于历史数据，且历史数据需要比较稳定；第三，对于任何数据的分析，做预测都是难题之一。

然而，做增量是一件很不确定的事情，广告主可能是要加预算，可能要尝试新的广告资源，可能是因为他的主观感觉要求做什么操作或限制，这一切都会导致增量优化是一件困难的事情。

言归正传，存量优化将是本书阐述的重点，同时对于增量优化书中也会有所涉及。

3. 时效性

时效性包括两方面：一方面，用于分析的广告数据需要是最近比较新的数据，这样分析起来更能反映现阶段的流量规律，也对未来的优化更具现实意义；另一方面，数据分析得出的结论是有时效性的，我们不能拿上个月分析出的规律生搬硬套在本月的数据上，也不该期望得出什么一劳永逸的普遍规律。互联网时代，唯一不变的只有"变化"。

4. 特定性

特定性指的是我们研究的对象，是在特定时间段内、在特定媒体推广的特定产品或服务，这里有三个特定，缺一不可。我和业内的朋友交流时，有的人说应用商店的首页推荐广告效果好，有的人说搜索广告效果好，还有的人说针对不同客户这两种广告效果不一样。他们说的都有各自的道理，也确实有案例和数据支持其观点，但都有以偏概全的嫌疑。不说清楚时间段，年前和年后的情况可能大不一样；不说清楚媒体，厂商的华为应用市场和第三方的应用宝可能存在很大差异；不说清楚产品，一个月活 500 万的老牌产品和才推广 3 个月的新品对比，更是千差万别。甚至连"效果好"这句话本身都是不严谨的，客户不同，客户满意度的阈值也不一样。

1.5.3 相关性 Correlation

相关性和因果性之间的联系，从统计学教材到大数据著作，都有广泛的探讨，甚至争议不断。

维克托·迈尔·舍恩伯格在《大数据时代》里说，"要相关，不要因果"，在大数据时代有相关就够了。而周涛则在《为数据而生》一书中说，放弃对因果关系的追寻，就是人类的自我堕落，相关性分析是寻找因果关系的利器。

广告优化是一项很复杂的工程，无形之中我们做的每一个操作其实都有相关性和因果性的考量。我个人更偏向迈尔·舍恩伯格的观点，对于广告优化来说，大部分情况下做到相关分析即可，因为营销本来就因人而异，主观性太大。

相关关系可以理解为，当一个或几个相互联系的变量取一定的数值时，与之相对应的另一变量的值虽然不确定，但它仍按某种规律在一定的范围内变化。例如，以 X 和 Y 分别记一个人的身高和体重，或分别记广告出价与广告曝光量，则 X 与 Y 显然有关系，而又没有确切到可由其中的一个去精确地决定另一个的程度，这就是相关关系。

何谓因果关系？通常来说，原因是指引起一定现象的现象，结果是指由原因的作用，随之串联而引起的现象。因果联系的特征就是，原因在先，结果在后，前者的出现导致后者的产生。

更明确点来说，相关性是统计上的概念，数据多了，X 发生时 Y 发生的概率足够显著，那么 A 和 B 就是相关的。而因果性是逻辑上的概念，X 发生导致 Y 发生。类似的还有，例如，看见闪电（X）和听见雷声（Y）是高度相关的，但它们二者相互之间并没有因果关系。

下面举一个例子说明相关性和因果性。

在 SEM 关键词的优化中，通常将关键词按词性分类，包括品牌词、通用词、竞品词等，每种类型的词甚至每个词背后都是网民的不同需求。但优化实践中，往往会看到有的关键词就是有转化，有的就是没有转化，有的关键词就是转化成本高，有的就是转化成本低，而这些词之间很可能还很相似，我们很难仅凭关键词的几个字，就洞察到这背后的用户需求存在什么细微差异。我们做的优化，看起来是基于相关关系，实际上是有因果关系的，只不过因为因果关系很难度量，我们能做的事情也有限，套路基本就是先圈一批词，投放一段时间，积累数据后，分析转化量和转化成本，再将预算、时间精力向那些转化多、成本低的关键词倾斜。

这里还有一个问题，那就是在相关性分析中，我们优先关注的应是直接相关，在

1.5.1 节中，我提到过"不要太绕"。对于广告优化来说，直接相关的相关分析就已经很不容易了，再绕到间接相关，分析的难度增加不说，可能得出的结论也会很奇怪，缺乏现实价值。

1.5.4　抽样性 Sampling

广告数据定量分析本质上是从有限的样本数据中得出无限总体某一数据指标的有关结论。

假定我们分析的是过去 2 周的广告投放数据，这就是一个确定的样本数据；从我们进行数据分析这个时间点，之后的广告投放还会进行，在一定时间内、一定程度上可以看作无限的总体。如果我们什么都不做，我们有理由相信过去 2 周的效果会延续到未来 1 个月甚至更久，这就是我们基于样本数据得出的一个初步的结论。如果我做了优化操作，则新样本数据（未来 2 周）需要和老样本数据（过去 2 周）对比分析，若新样本数据显著优于老样本，则我们有理由相信优化是成功的，这种显著优化的效果会延续到未来 1 个月甚至更久。

抽样性还会导致一个问题，那就是抽样误差。这并不是某件事出错造成的误差，而是指这样一个事实：如果再做一遍研究，结果未必会和上次一模一样。例如，本周的转化率是 3.1%，下周可能就是 3.3%、2.9% 或其他相近比例。但是，即便不同的样本会产生不同的答案，大部分答案仍都位于总体中的真正比例的某一变化范围内。例如，通过每次大约 1000 个 UV 的多次抽样，大部分样本（95%）得出的转化率和实际的转化率至多相差 3 个百分点（±3%）。具体怎么计算的，有一个通用的公式，在第 2 章中会有介绍。

抽样误差的大小取决于得到样本的方式和样本量的大小。抽样方式越随机，抽样误差就会越稳定；样本量越大，误差越小。如果样本等于整个总体，则样本比例等于总体比例，样本误差为 0。

所以，严格来说，在公布任何一次抽样调查的结果时都应说明抽样误差的大小，不管是比例、均值还是其他形式。例如，1.2.1 节中提到的 A/B 测试例子，说明抽样误差后，原始版本的转化率是 5.6%（±0.64%），试验版本_1 的转化率是 6.5%（±0.67%）。

业界有这样一句话，广告优化的效果看人品。实际上，是说广告优化成功一定程度上是受运气影响的，而运气本质上是因为我们观测的数据总是样本数据，抽样总会有随机性，哪怕没有进行任何操作，两次抽样的结果也可能存在较显著的差异。认识到这一点，广告优化师应以更平和地心态接受每一次数据反馈，效果好了不骄傲，效果差了不沮丧。

1.5.5 显著性 Significance

显著性是统计学上的一个概念，又称统计显著性（Statistical significance），用于衡量两个样本数据之间的差异是由于系统因素而不是偶然因素的影响。在广告优化中，其实我们无时无刻不在考虑显著性，比如上周的注册成本是25元，本周优化到23元，相对变化来看下降了8%，但注册成本是否显著降低了呢？以往大部分优化师是不会去关心的，但现在我们需要学着关心这个问题。

如果广告效果显著优化了，我们也就得到正确的反馈，明确下一步优化的方向，也能对内对外争取到更多的资源支持。如果不能准确判断这是否显著优化了，偶尔遇到一两次数据波动，情况较好，就以此为参照，对于管理客户和老板的预期都不是好事，很容易给后期的优化工作戴上"无形的枷锁"，十分被动。所以，不管外人怎么说，优化师心里要一清二楚，效果是自己做出来的，还是撞大运撞出来的。

1.6 本章小结

本章主要想和大家阐述的是统计学和广告优化的关系，所以提到了一些统计学上的基本概念、统计学的主要思想和广告数据分析的理念。一方面，我们要强调科学的统计分析方法论对于广告数据分析的工具性价值；另一方面，也要承认广告数据分析在效果优化上的局限性。

对于其中某些内容，有的读者可能不太能理解，不过没关系，读者可以带着自己的疑问继续后面章节的阅读，随着大家对于广告数据定量分析的认识越来越深入，诸多疑惑也会迎刃而解。

第 2 章

广告数据分析中的统计学原理

这一章将会涉及不少统计学的概念和术语,包括抽样、概率和分布、假设检验、相关和回归等,我将在介绍相关内容时引用大量广告投放和优化的类比和案例,帮助读者朋友在广告数据分析和统计学二者之间建立思维上的关联,这是一个循序渐进的过程。从全书结构来看,本章是整个广告数据分析方法论的理论基础,后面的章节将直接进行数据分析方法论的运用,理论部分将不再赘述。

2.1 抽样:总体、样本和误差

总体:是客观存在在某一相同性质基础上结合的若干个别事物的整体。

样本:就是按照一定的概率从总体中抽取并作为总体代表的一部分的集合体。

抽样:是指按照随机原则,以一定概率从总体中抽取一定容量的单位作为样本进行调查,根据样本的情况对总体作出具有一定可靠程度的估计与推断。

抽样的一个重要价值,就是可以在没有拿到全部数据的条件下对总体做一定的预测。当然,这是有一定误差的。但现实生活中,由于拿到全部数据的成本太高,总体包括了未来还没有发生的数据等多种原因,我们只能退而求其次做抽样,通过研究样本来估算总体。

为了进一步说明总体和样本的关系，下面举两个例子，不同情况下总体和样本的定义是有差异的。

例1：先讨论简单的情况。

在分析信息流广告创意的转化效果时，选取某天、某周、某月这类时间段的数据为分析对象，即为样本；如果把统计周期拉长，从该广告创意的首次投放到完全废弃，这样一个全生命周期内的数据作为分析对象，即为总体。

这里的总体，就是前面提到的总体，包括了未来还没有发生的数据。广告投放是一个相对稳定的过程，尤其当预算和流量达到一定量级时，稳定性就会越好。怎么理解这个稳定性呢？假设我们研究近一周的数据，算出日均获取流量、获客成本等多个数据指标，可以预见的是，如果我们什么都不做，未来短时间（1~2周）内，这些数据指标都是相对稳定不变的，而从未来长时间来看，由于受到媒体广告后台的规则限制、流量大盘变化等多因素影响，广告效果会越来越差。相信只要从事过一线广告数据优化的朋友，对这段话都会深有体会，这也是广告效果优化的立足基础，也是广告数据定量分析的价值所在。

例2：在例1的基础上，讨论较为复杂的情况，如图2-1所示。

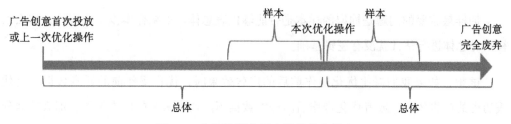

图2-1 广告数据分析中的总体和样本

在分析我们的优化策略是否有效时，通常会选取一条广告创意，分析在优化前后的转化效果是否有显著优化。如例1中所说，该广告创意的全生命周期内的数据为总体，但由于优化策略的执行，原来的总体可能发生了质的变化，此时应以"优化操作"为分界线，将原来的总体一分为二，广告创意首次投放（或者是上一次优化）到本次优化操作前的全部数据为一个总体，优化操作后到广告创意完全废弃这段时间的数据为另一个总体。而在优化操作前后各选取的用来做对比分析的数据，即为样本。

这里选取的样本，分别代表了优化操作前后的总体的广告效果。对比结果大致有三种可能，优化操作后广告效果没有显著变化、显著变好、显著变差。怎样才算达到"显著"的程度，将在2.5节具体介绍。无论结果如何，我们做广告数据分析的总体已经重新确定，即优化操作后到广告创意完全废弃这段时间的数据，而且我们观测的仍旧是样本数据。如果以后有新的优化操作，则总体又将被分割为两部分，如此循环。

抽样误差：是指用样本统计值与被推断的总体参数出现的偏差。

只要是样本数据，就会存在抽样误差。抽样误差的大小依赖于得到样本的方式和样本中包含的观测个数。样本越大，误差越小。如果样本等于整个总体，则样本比例就等于总体比例。

所以，在公布任何一次基于样本数据得到的结论前，都应说明抽样误差的大小，无论是比例、均值还是其他形式。

例如，某条信息流广告创意有36432的曝光量，1128的点击量，计算的点击率为3.1%（±0.18%），这里的±0.18%即为抽样误差，差不多是3.1%的1/20。抽样误差具体怎么计算的，在2.4的参数估计部分再作介绍。

抽样最重要的问题是抽取的样本是否能够代表总体。如果样本没有代表性，那么以样本对总体进行估计就没有逻辑基础。

试想，如果我们对比优化操作前后的广告效果时，优化操作前的样本数据不能代表历史的广告效果，或者优化操作后的样本数据不能代表未来的广告效果，那么数据分析的结论与真实情况将会有较大的偏差，对下一步的优化策略来说可能不是指导而是误导了。

于是，我们在选取样本数据时，应注意下面几点：

第一，应尽可能选取优化操作前后相邻的数据。

这里，其实是有一个广告数据分析的前提假设，假设其他条件不变（或者说是相对稳定），优化操作则是唯一的变量，对比前后的数据即可判断优化是否有显著效果。取优化操作前后越近的数据，就越能保证假设的准确性。比如，优化操作前一周的数据和优化操作后一周的数据。

第二，样本数据的积累不仅要看时间长短，更要看样本量的大小。

比如，只对比优化操作前一天和后一天的数据，受偶然性的影响效果会比较大，以优化操作后第一天的数据作为样本，对总体的代表性也会差很多。另一方面，无论任何抽样方式，抽样误差都是难以避免的，只有当样本量足够大，抽样误差才相对稳定、相对较小，对于总体的代表性也较好。

第三，如果样本数据中出现某些特别高或特别低的奇异值，应将其剔除。

如表 2-1 所示，我们选取优化操作后一周的数据作为样本。

表 2-1 优化操作后一周的样本数据

时间	展现量	点击率
第一天	3276	2.7%
第二天	3365	2.6%
第三天	3208	2.8%
第四天	3465	2.6%
第五天	3327	2.7%
第六天	3518	3.5%
第七天	3387	2.9%

从表中不难看出，第一天至第七天的展现量是相对稳定的，但第六天的点击率是明显偏高的，这个数很可能是奇异值，应从样本数据中剔除，剔除之后展现量累计不够的话，则可以顺延至第八天。

一般来说，广告数据是相对稳定的，如果出现这种奇异值，多是受到大盘流量、竞争对手的广告投放等多因素影响。而这些因素恰恰是我们做广告数据定量分析前假设相对稳定不变的，一旦出现这样的情况，说明分析的前提是不存在，得到的样本数据自然也是没有代表性的，应作相应的数据处理。

2.2 概率

如上一章提到的,概率简单来说就是一个数。更确切地说,它是一个 0 和 1 之间的数,用来描述一个事件发生的经常性。小概率(接近 0)的事件很少发生,而大概率(接近 1)的事件经常发生。

为了说明统计的基本观念,如果我们对某事物进行多次观测,大多数情况下会得到不同的结果。例如:同一 SEM 账户,昨天账户整体 CTR 是一个 2.8%,今天的 CTR 则是 3.0%,明天可能又会是 3.1%,这种小幅度的波动是因为这个变量(即 CTR)具有随机性。

概率的统计定义

在相同的条件下[①]随机试验 n 次,某事件 A 出现 m 次($m \leq n$),则比值 m/n 称为事件 A 发生的频率。随着 n 的增大,该频率围绕某一常数 p 上下波动,且波动的幅度逐渐减小,趋于稳定,这个频率的稳定值即为该事件的概率,记为:

$$P(A) = n/m = p$$

在广告数据分析中,一些常见的数据指标,包括点击率、转化率、流失率等都是统计意义上的概率,都是通过对一定量的样本观测得到的。

注意:①在相同的条件下。这一点在广告优化实践中是很难做到的。以手机百度这一媒体为例,MAU 高达 5 亿多,DAU 是 1 亿多,这意味着,除少部分重度用户每天都在使用外,大多数用户一个月内只有可能不到一半的时间能看到某个广告主的广告。所以我们的总体是不变的,但每天观测得到的样本都不一样了。所以,广告优化实践中我们只能尽力保证能控制的部分保持稳定,比如落地页、广告创意、定向等,以此来观测样本、统计概率,进行数据分析。

2.3 概率分布

大部分用于统计分析的数据来自于连续变量,即在任意两个值间还有其他的值,故这里只讨论连续变量的概率分布。

最重要的是标准正态分布(z变量)、t分布(t变量),图2-2以标准正态分布为例,具体阐述一下。

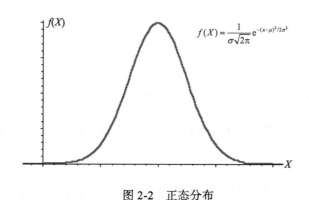

图 2-2 正态分布

2.3.1 正态分布

正态分布,也称"常态分布",又名高斯分布。是一个在数学、物理及工程等领域都非常重要的概率分布,在统计学的许多方面有着重大的影响力。

请不要被公式吓到,简而言之,正态描述的是某一变量v的概率分布,又因为概率的统计定义,通常以分布占比替代概率分布。横坐标上的X就是变量v的取值,$f(x)$就是对应变量不同取值(即x)的占比。

当随机变量X服从正态分布时,我们用$X \sim N(\mu, \sigma^2)$表示,其中μ为变量X的均值,σ为变量X的标准差。

如图2-3所示,正态分布中大部分数据集中在平均值附近,小部分在两端。均值±3个标准差已经可以包括99.7%的情况了。

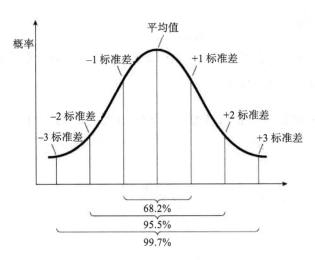

图 2-3 正态分布的置信区间

对于我们做广告数据分析,最重要的是均值,不论是平均点击量、平均点击率,还是平均转化量、平均转化率。

举个例子,图 2-4 是某 SEM 广告各关键词 CPC 分布占比,大致上符合正态分布,大多数关键词的 CPC 处于中间均值附近水平,不过集中度相对较低。

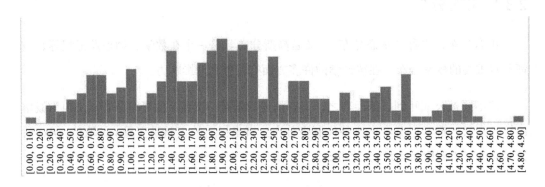

图 2-4 某 SEM 广告各关键词 CPC 分布

同理,各关键词的转化成本、广告目标受众的转化可能性等分布基本也符合正态分布。

2.3.2 标准正态分布

标准正态分布实际上是在正态分布基础上,经过一些较为复杂的数学计算,将均值处理为 0,标准差处理为 1 的正态分布。

标准正态分布的重要性在于,任何一个一般的正态分布都可以通过线性变换转化为标准正态分布。

例如,$X \sim N(\mu, \sigma^2)$,则 $Z=(X-\mu)/\sigma \sim N(0, 1)$,这也是将一般正态分布转化为标准正态分布的公式。

如图 2-5 所示。我们可以看到,大部分 z 变量的值在 –2.00 到 2.00 之间变动;特别是,95% 的 z 变量的值在 –1.96 到 1.96 之间变动。这个值很重要,后文会用到。

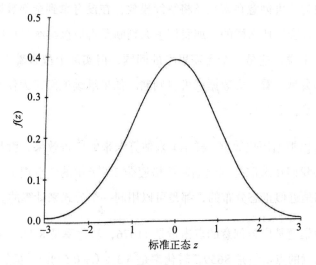

图 2-5 标准正态变量 z 的分布

正态分布应用有多广泛?或者说,为什么我们可以假设这些数据都基本符合正态分布。这里需要介绍一个统计学的重要理论:中心极限定理,它也是很多统计分析的理论基础。

2.3.3 中心极限定理

中心极限定理其实就是下面两句话：

1）任何一个样本的平均值将会约等于其所在总体的平均值。

2）不管总体是什么分布，任意一个总体的样本平均值都会围绕在总体的平均值周围，并且呈正态分布。

请不要小看这么简单的两句话，这对于帮助我们理解整个广告数据定理分析的理论基础有着至关重要的价值。基于中心极限定理，在没有办法得到总体全部数据的情况下，我们可以用样本来估计总体。而且不用计较样本数据是什么分布，多组样本的平均值的分布是近似正态分布的。

换句话说，因为广告创意在未来还将继续投放，在没有拿到全部数据之前，我们不知道总体的广告效果会是什么样的，那我们怎么判断是否应该继续投放呢？对于大多数广告优化从业人员来说，这是一个无需思考的问题，但实际上蕴含着丰富的分析价值。大多数人的答案都会是，看历史数据就可以判断。如果继续追问，为什么历史数据就可以判断呢？很多人就答不上来了。

之所以我们可以根据历史数据（样本）来估算未来的广告效果，就是因为中心极限定理的存在。只要我们在选取样本数据时严格遵循 2.1 节中的 3 点规范，同时样本量足够大，它的分布都是近似正态分布的，都是可以用同一个公式来计算的。

比如，广点通渠道某广告创意的点击量是 11076，转化率是 8.4%（±0.52%）；今日头条渠道某广告创意的点击量是 8659，转化率是 6.3%（±0.51%）。虽然是不同的渠道，不同的广告位，但统计指标的计算逻辑是一样的，转化率的抽样误差也是可以用同一个公式计算的，两个渠道的转化率是可以做对比分析的。这一点，对于多广告渠道的综合效果评估有非常重要的价值。

2.4 统计推断：估计

超越实际数据是统计学的一个分支，被称为统计推断。它由估计和假设检验组成。

本节讨论的是参数估计，假设检验会在下一节中讲解。

我们进行数据分析时，之所以用样本替代整体，主要原因是：在一般情况下，没有办法收集到总体中的全部个体数据，即便能，所需的时间也会比较长，花费也是高昂的。

尽管样本中的信息并不完全，抽样误差也无法避免，我们依旧要重视样本数据的分析。同时，为了弥补样本结果的不准确性，我们需要计算抽样误差。

2.4.1 估计：用样本数据预估总体

这里要介绍两个新概念。

样本统计量：是从样本数据中计算出来的数。

比如样本均值、样本百分比等。

总体参数：是在原理上可以从整个总体中计算出来的数。

比如总体均值、总体百分比等。

"估计"做的事情就是，通过样本统计量去估计对应的总体参数。

大家不用纠结于新概念的理解，它本质上还是用样本数据去估算总体的情况，只不过明确了到底是用样本数据中的哪一指标。例如，我们以某广告创意的历史一周的点击率数据，可以预估未来一周的点击率情况；此时，历史这一周的平均点击率即为样本统计量，历史和未来整体的平均点击率即为总体参数。

2.4.2 区间估计

统计学上常用的估计方法论有两种：点估计和区间估计。

点估计：是一个用来估计总体参数的数。

区间估计：又称为置信区间，是用来估计参数的取值范围的。

点估计应该是我们最常用的方法，无论媒体广告后台的数据，还是我们平时做广告数据分析，计算点击率、转化率、转化成本的时候，用到的几乎都是点估计。

点估计的优点显而易见：

- 逻辑清楚，容易理解；
- 使用方便，哪怕需要二次计算也很简单；
- 业内已形成标准，接受度高。

但点估计也有其天然的局限性，它是以一种静态的视角看数据指标，所以解释不了诸如下面的问题：

1）数据量小的时候，各种指标波动程度较大。要等数据积累到一定量的时候，数据指标相对稳定了，才能开始做数据分析。优化人员常常面临"两难"的境地，数据积累不够，做分析容易被误导，而积累过多又会导致预算的部分浪费，所以应该待数据积累到多少时，恰好足够数据分析所用？

2）一个优化策略的执行，使得转化率从 5.6% 提升至 6.1%，转化成本从 32.5 元下降至 29.7 元，这次的优化算不算是成功的？

这时就需要用到区间估计了。无论是点估计，还是区间估计，理论基础其实还是抽样，根据抽样取得的样本直接计算的概率，其实就是点估计。如果同时考虑抽样误差，就是区间估计。区别于点估计，区间估计是以一种动态的视角看数据指标的，此刻的指标不再只是一个数，而是一个取值范围（点估计 ± 抽样误差）。

如此一来，刚才提出的两个问题也有了很好的解释。

1）随着数据的不断积累，抽样误差会趋于稳定，且抽样误差的相对占比会趋于变小，当小到一定程度（5% 或者 3%，根据数据分析需求自定义）时，再开始数据分析是比较合适的。

2）转化率 5.6%、6.1%，都需要加上一个抽样误差，即数据波动的范围，假设这个抽样误差都是 0.2%，那优化前的转化率区间为 [5.4%，5.8%]，优化后的转化率区间为 [5.9%，6.3%]。简单来看，优化后的最低水平 5.9% 仍高于优化前的最高水平，因此可以得出这次优化是成功的结论。

讨论完区间估计的现实价值，接下来介绍其计算方法。

对于大多数总体参数来说，估计区间是用如下方法得到的：

- 找到样本统计量，如均值或者比例，这一步骤相当于是点估计的计算；
- 从数据中计算出抽样误差；
- 用样本统计量加、减抽样误差就得到了区间估计的两个端点。

回到前文的例子，某条信息流广告创意有 36432 的曝光，1128 的点击。点估计可得点击率为 3.1%；置信水平为 95% 的情况下，区间估计得到的点击率则是一个范围，即 2.92%~3.28%。这里的 95% 指的是我们有 95% 的把握相信这条信息流广告创意总体的真实点击率在 2.92%~3.28%。

例子中提到 95% 的置信水平，是与区间估计绑定的一个概念。如果我们收集了多组不同的样本，并对每个样本都构造了一个置信区间。其中有 95% 的区间包含真值，5% 的区间不包含真值，那么这个构造的置信区间就叫作置信水平为 95% 的置信区间，简称 95% 置信区间。

下面介绍区间估计的具体算法。主要列举了两种数据分析需求：总体比例的置信区间、总体均值的置信区间。

2.4.3 总体比例的置信区间

总体比例的置信区间：通过样本数据计算的比例，估计总体的对应比例的取值范围。

主要适用于用户转化漏斗各环节的转化率估计，比如点击率、点击下载率、下载安装率、安装激活率等。

从统计学角度来看,总体比例的置信区间是:

从一个大的总体中抽取一个由 n 个观测值组成的随机样本,点估计的结果是 p。

那么我们可以得到总体百分比的一个 95% 置信区间。该区间为:

$$p - 1.96\sqrt{\frac{p(1-p)}{n}} \text{ 到 } p + 1.96\sqrt{\frac{p(1-p)}{n}}$$

1.96 这个值来自正态分布,2.3.2 曾提到,有 95% 的 z 值落在 –1.96 到 1.96 之间,从而构成了一个 95% 的置信区间。

还是之前的例子,某条信息流广告创意有 36432 的曝光,1128 的点击。

带入总体比例的置信区间的计算公式,p = 1128/36432 = 3.10%,n = 36432。

抽样误差为:

$$\pm 1.96\sqrt{\frac{p(1-p)}{n}} = \pm 1.96\sqrt{\frac{3.10\% * (1-3.10\%)}{36\,432}} = \pm 0.178\%$$

于是可以得到,这条信息流广告创意的点击率 95% 的置信区间为(3.10% – 0.178%,3.10% + 0.178%),即 2.92%~3.28%。

2.4.4 总体均值的置信区间

总体均值的置信区间:通过样本数据计算的样本均值,估计总体的对应均值数的取值范围。

主要使用于估计流量的大小,比如点击量、下载量、注册量等。不可用于估计类似于广告消费等人为因素较大的指标,也不可用于估计类似 CPC、CPD 等二次计算的指标。

严格来说,要根据总体是否服从正态分布、总体方差是否已知、是大样本还是小样本的不同情况来具体分析。但在优化实践中,往往使用历史的样本数据预测未来的情况,总体包括未来一段时间的数据,有一定的不确定性,总体是否服从正态分布和方差多少都无从得知,但大样本是基本可以确定的(一般 $n \geq 30$ 就可以算作大样本)。

还记得中心极限定理吗？只有当样本量 n 充分大时，样本均值 $\bar{x}$ 的抽样分布近似服从正态分布。

此时，总体方差 σ^2 就可以用样本方差 s^2 代替。

那么我们可以得到总体均值的一个 95% 置信区间。该区间为：$\left(\bar{x}-1.96\dfrac{s}{\sqrt{n}}, \bar{x}+1.96\dfrac{s}{\sqrt{n}}\right)$。

举一个广告优化的例子。如表 2-2 是某 App 在 360 应用商店两个月的注册量数据。

表 2-2 某 App 在 360 应用商店两个月的注册量

日期	2017 年 4 月	2017 年 5 月
第 1 日	48	101
第 2 日	63	158
第 3 日	65	176
第 4 日	73	172
第 5 日	114	170
第 6 日	94	166
第 7 日	67	196
第 8 日	100	183
第 9 日	76	199
第 10 日	94	203
第 11 日	88	177
第 12 日	116	267
第 13 日	133	291
第 14 日	190	253
第 15 日	145	240
第 16 日	160	268
第 17 日	127	234
第 18 日	136	225
第 19 日	139	202
第 20 日	129	207
第 21 日	121	193
第 22 日	106	209
第 23 日	132	232
第 24 日	116	247
第 25 日	114	242

（续）

日期	2017年4月	2017年5月
第26日	118	205
第27日	122	221
第28日	118	228
第29日	109	249
第30日	73	210

以此作为样本数据，估计总体均值（即某App在360应用商店日均注册量的范围）。

首先，样本量 $n=60$，确定是大样本无疑；

然后，计算样本方差为 61.56*61.56；

最后，带入总体均值的置信区间的计算公式，样本均值 $\bar{x}=160.2$，

样本量 $n=60$，$s=61.56$，

抽样误差为

$$\pm 1.96 \frac{s}{\sqrt{n}} = \pm 1.96 * \frac{61.56}{\sqrt{60}} = \pm 15.6$$

于是可以得到，该App在360应用商店日均注册量95%的置信区间为（160.2 − 15.6，160.2 + 15.6），即144.6~175.8。

这个例子很有代表性，我们可以看到抽样误差有点大，差不多接近均值的10%了。2017年4月和5月的数据分布有较大的差异，这是因为4月底到5月初的时候执行了新的优化策略，严格意义上来说，这两组数据不能算作同一个总体，应该分开讨论。

4月：$n=30$，样本均值为109.5，样本方差为30.9*30.9，抽样误差为 ±11.1；

5月：$n=30$，样本均值为210.8，样本方差为38.7*38.7，抽样误差为 ±13.8。

乍一看，第二个月的抽样误差更大，但要看到样本均值几乎翻番，抽样误差的相对大小不过6.5%。

哪怕我们只看两组数据的均值，210.8和109.5，就可以得出优化效果显著的结论。

但这只是优化的第一阶段，效果很明显；如果继续优化，日均注册量从 210.8 提高到 233，增幅达 10.5%。这时仅凭平均值比较，很难评估优化效果是否显著，而计算抽样误差和置信区间就成了帮助我们精益评估优化策略效果的利器。

2.5 统计推断：假设检验

任何概率都是建立在某种假设为真的前提下的。

再次列举 1.2.1 节中的例子，对于某个日均 UV 上万的页面做 A/B 测试，原始版本的 UV 为 10000，转化率是 5.6%，试验版本_1 的 UV 为 10000，转化率是 6.4%。

首先要对我们研究的对象作出某种假设，这里我们假设的是试验版本_1 和原始版本的转化率是没有显著差异的；

然后收集数据，在该假设的基础上计算假设成立的概率（这里隐去计算过程，直接得到概率是 $p=0.0087$）；

最后，如果这个概率 p 非常小，统计学上一般以 0.05 意味着该事件几乎不可能发生。这里其实用的是数学上反证法的逻辑，当一个事件是不可能发生的或者说是错误的，那么这一事件的相反事件就是确定发生的或正确的。

于是，当 p 值的小于 0.05 时，我们认为这一事件（试验版本_1 和原始版本的转化率是没有显著差异的）是几乎不可能发生的，所以之前所作的假设是错误的。再进一步，原假设的相反假设是正确的。我们的计算结果是 $p=0.0087$，可以得出"试验版本_1 和原始版本的转化率是没有显著差异的"这一假设是错误的，即"试验版本_1 和原始版本的转化率是有显著差异的"，换句话说，A/B 测试是成功的。

2.5.1 简单好用的 p 值

p 值在统计学中是一个很重要的概念，基本定义就是在总体某些假设下，观测值或更加端值出现的情况。

请看图 2-6。前文提到，z 变量的值介于 –1.96 ~ 1.96 之间时，已经涵盖了 95% 的可能结果，那剩下的 5% 就是几乎不可能发生的，而一旦发生，那就可以拒绝原假设，即原假设是错误的。

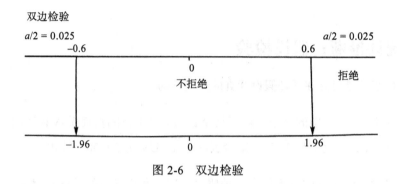

图 2-6　双边检验

我们用 1.2.1 节的例子做计算和演示。

2.5.2　两个总体比例之差的显著性检验

从统计学的角度来说，这个问题属于两个总体比例之差的显著性检验。同样的，后面还可能涉及两个总体均值之差的显著性检验。这两个显著性检验也就构成了互联网业内适用面最广的 A/B 测试的理论基础。

公式如下：

$$Z = \frac{p_1 - p_2}{\sqrt{\dfrac{p_1(1-p_2)}{n_1} + \dfrac{p_2(1-p_2)}{n_2}}}$$

代入 1.2.1 例子的具体数值，得出：

p_1 =6.4%，n_1=10000；p_2=5.6%，n_2=10000；

计算得 z = 2.38，或者把 p_1 和 p_2 换个位置，就得到 z = –2.38。

此时的 z 值是大于 1.96 和小于 –1.96 的，属于那剩下的 5% 的情况。所以可以做出判断，原假设是错误的，相反的假设是正确的，即"试验版本 _1 和原始版本的转化率是有显著差异的"，换句话说，A/B 测试是成功的。

再深究一点，此时的 p 值是小于 0.05 的，具体是多少？

这里需要用到 z 值的分布表，大家可以在任何一本统计学教材的附录或者百度上找到它。

还记得刚才计算的 z 值吗？对，2.38，在图 2-7 的分布表中，我已经把它圈出来了，对应的概率是 1 – 0.9913=0.0087。

Z-Score	0.00	0.01	0.02	0.03	0.04	0.05	0.06	0.07	0.08	0.09
0.0	0.5000	0.5040	0.5080	0.5120	0.5460	0.5199	0.5239	0.5279	0.5319	0.5359
0.1	0.5398	0.5438	0.5478	0.5517	0.5557	0.5596	0.5636	0.5675	0.5714	0.5753
0.2	0.5793	0.5832	0.5871	0.5910	0.5948	0.5987	0.6026	0.6064	0.6103	0.6141
0.3	0.6179	0.6217	0.6255	0.6293	0.6331	0.6368	0.6406	0.6443	0.6480	0.6517
0.4	0.6554	0.6591	0.6628	0.6664	0.6700	0.6736	0.6772	0.6808	0.6844	0.6879
0.5	0.6915	0.6950	0.6985	0.7019	0.7054	0.7088	0.7123	0.7157	0.7190	0.7224
0.6	0.7257	0.7291	0.7324	0.7357	0.7389	0.7422	0.7454	0.7486	0.7517	0.7549
0.7	0.7580	0.7611	0.7642	0.7673	0.7704	0.7734	0.7764	0.7794	0.7823	0.7852
0.8	0.7881	0.7910	0.7939	0.7967	0.7995	0.8023	0.8051	0.8078	0.8106	0.8133
0.9	0.8159	0.8186	0.8212	0.8238	0.8264	0.8289	0.8315	0.8340	0.8365	0.8389
1.0	0.8413	0.8438	0.8461	0.8485	0.8508	0.8531	0.8554	0.8577	0.8599	0.8621
1.1	0.8643	0.8665	0.8686	0.8708	0.8729	0.8749	0.8770	0.8790	0.8810	0.8830
1.2	0.8849	0.8869	0.8888	0.8907	0.8925	0.8944	0.8962	0.8980	0.8997	0.9015
1.3	0.9032	0.9049	0.9066	0.9082	0.9099	0.9115	0.9131	0.9147	0.9162	0.9177
1.4	0.9192	0.9207	0.9222	0.9236	0.9251	0.9265	0.9279	0.9292	0.9306	0.9319
1.5	0.9332	0.9345	0.9357	0.9370	0.9382	0.9394	0.9406	0.9418	0.9429	0.9441
1.6	0.9452	0.9463	0.9471	0.9484	0.9495	0.9505	0.9515	0.9525	0.9535	0.9545
1.7	0.9554	0.9564	0.9573	0.9582	0.9591	0.9599	0.9608	0.9616	0.9625	0.9633
1.8	0.9641	0.9649	0.9656	0.9664	0.9671	0.9678	0.9686	0.9693	0.9699	0.9706
1.9	0.9713	0.9719	0.9726	0.9732	0.9738	0.9744	0.9750	0.9756	0.9761	0.9767
2.0	0.9772	0.9778	0.9783	0.9788	0.9793	0.9798	0.9803	0.9808	0.9812	0.9817
2.1	0.9821	0.9826	0.9830	0.9834	0.9838	0.9842	0.9846	0.9850	0.9854	0.9887
2.2	0.9861	0.9864	0.9838	0.9871	0.9875	0.9878	0.9881	0.9884	0.9887	0.9890
2.3	0.9893	0.9896	0.9898	0.9901	0.9904	0.9906	0.9909	0.9991	0.9913	0.9916
2.4	0.9918	0.9920	0.9922	0.9925	0.9927	0.9929	0.9931	0.9932	0.9934	0.9936
2.5	0.9938	0.9940	0.9941	0.9943	0.9945	0.9946	0.9948	0.9949	0.9951	0.9952
2.6	0.9953	0.9955	0.9956	0.9957	0.9959	0.9960	0.9961	0.9962	0.9963	0.9964
2.7	0.9965	0.9966	0.9967	0.9968	0.9969	0.9970	0.9971	0.9972	0.9973	0.9974
2.8	0.9974	0.9975	0.9976	0.9977	0.9977	0.9978	0.9979	0.9979	0.9980	0.9981
2.9	0.9981	0.9982	0.9982	0.9983	0.9984	0.9984	0.9985	0.9985	0.9986	0.9986
3.0	0.9987	0.9987	0.9987	0.9988	0.9988	0.9989	0.9989	0.9989	0.9990	0.9990
3.1	0.9990	0.9991	0.9991	0.9991	0.9992	0.9992	0.9992	0.9992	0.9993	0.9993
3.2	0.9993	0.9993	0.9994	0.9994	0.9994	0.9994	0.9994	0.9995	0.9995	0.9995
3.3	0.9995	0.9995	0.9995	0.9996	0.9996	0.9996	0.9996	0.9996	0.9996	0.9997
3.4	0.997	0.9997	0.9997	0.9997	0.9997	0.9997	0.9997	0.9997	0.9997	0.9998
3.5	0.9998	0.9998	0.9998	0.9998	0.9998	0.9998	0.9998	0.9998	0.9998	0.9998
3.6	0.9998	0.9998	0.9999	0.9999	0.9999	0.9999	0.9999	0.9999	0.9999	0.9999
3.7	0.9999	0.9999	0.9999	0.9999	0.9999	0.9999	0.9999	0.9999	0.9999	0.9999
3.8	0.9999	0.9999	0.9999	0.9999	0.9999	0.9999	0.9999	0.9999	0.9999	0.9999
3.9	1.0000	1.0000	1.0000	1.0000	1.0000	1.0000	1.0000	1.0000	1.0000	1.0000

图 2-7 正态分布 z 值分布表

注意:我们之前讨论的一直是双边检验,就是说试验版本可能比原始版本更好,或者更差。

左边 0.025 加上右边的 0.025,才构成剩下的 5%。

在广告优化中也是如此,我们的优化策略可能使效果更好,也可能更差。

所以,刚才的 0.0087 还需要乘以 2,得到 0.174,这才是真正的 p 值。

这里给大家分享一个在线的小工具,可以非常简单地计算出两个总体比例的显著性差异,如图 2-8 所示:https://vwo.com/ab-split-test-significance-calculator/。

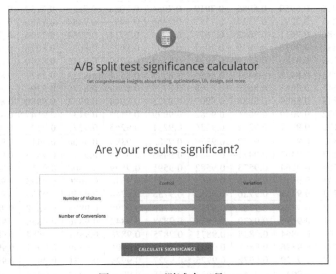

图 2-8　A/B 测试小工具 –1

第一列是 Control,即控制组(原始版本),在广告优数据分析中用于对比参照的样本;

第二列是 Variation,即试验组(试验版本),是优化操作后所得到的数据;

第一行 Number of Visitors,是指流量数;

第二行 Number of Conversions,是指转化数。

接下来,我们用数据演示一下,如图 2-9 所示。

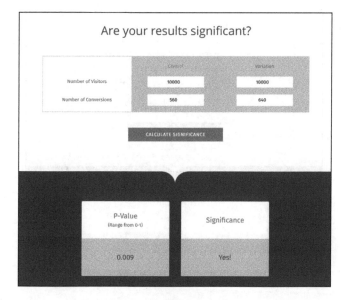

图 2-9　A/B 测试小工具 –2

在 Control 和 Variation 两列，输入对应的数据，控制组是 10000 和 560，即为流量是 10000，转化量为 560，转化率为 5.6%；试验组是 10000 和 640，即为流量是 10000，转化量为 640，转化率为 6.4%；

下面的 p 值显示为 0.009，是不是很接近我们刚才计算的 0.0087；Significace 显示 Yes，说明是有显著性差异的。

这个工具还可以帮助我们找到临界值，比如转化率从 5.6% 提升到 6.4% 是显著优化的，但其实应该不用到 6.4% 就可以满足显著性差异，这个临界值是多少呢？

我们把 Variation 列的 Number of Conversions 不断调小，最终找到临界值是 6.15%，如图 2-10 所示。换句话说，只要我们的优化操作能在同样 10000 的流量前提下，将转化率提升至超过 6.15%，就可判定试验组是显著优于控制组的，即优化是显著有效的。

两个总体比例之差的显著性检验的适用范围很广，凡是需要对比优化操作前后的广告效果时，这种显著性检验能很方便快捷地得到结论。同时，要注意这种方法论以及工具的局限性——只能对两个总体比例做检验。包括但不限于：点击率、激活率、注册率等转化率的数据指标，不包括展现量、点击量、注册量、线索量等流量的数据指标。

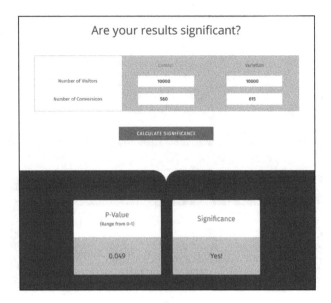

图 2-10　A/B 测试小工具 –3

2.5.3　两个总体均值之差的显著性检验

这里只列举公式，不再举例阐述了。

检验统计量 Z 的值：

$$Z = \frac{\overline{x_1} - \overline{x_2}}{\sqrt{\dfrac{S_1^2}{n_1}} + \sqrt{\dfrac{S_2^2}{n_2}}}$$

$\overline{x_1}$：样本 1 的均值；$\overline{x_2}$：样本 2 的均值；

S_1：样本 1 的标准差；S_2：样本 2 的标准差；

n_1：样本 1 的样本量；n_2：样本 2 的样本量。

区别于两个总体比例之差的显著性检验，两个总体均值之差的显著性检验的适用范围相对窄很多，包括展现量、点击量、注册量、线索量等流量的数据指标。

2.6 变量间关系

这里先讨论两个变量间的关系，多变量间的关系本书涉及不多，遇到具体问题时再作介绍。

分析由两个变量控制的数据，主要目的是回答以下四个重要问题。这些问题为我们研究变量间的关系提供了分析框架。

问题一：从数据来看，变量间有关系吗？

首先我们要尝试确定统计的数据中是否包含某种关系，如果发现确有关系，则继续回答后面的问题。

问题二：如果变量间有关系，这个关系有多强？

如果数据间存在某种关系，我们就可以试着去确定这种关系有多强。变量间的关系可能强，可能弱。

问题三：是否不仅在样本中，在总体中也有这种关系？

虽然我们分析的是样本数据中的两个变量，但实际上我们对总体更感兴趣，通过数据分析得出的结论是否能推广到总体，具有现实意义。有时问题三还可以换一种说法：这个结果是完全由偶然因素引起的，还是受某种系统影响而产生的？

问题四：这个关系是不是因果关系？

这是最难回答的一个问题，但它往往也是最重要的。我们不知道观测到的这两个变量间的关系是否由根本就没被考虑进来的一些变量引起的，就像下面提到的这个冰激凌与犯罪的经典统计学故事。

在美国中西部的一个小镇上，人们发现一个很有趣的但不合逻辑的现象，就是冰激凌的消费量越高，犯罪率就越高。这时候有人在想，如果通过人为控制来改变冰激凌销量，是否可以影响犯罪率的高低。

答案是否定的。常识告诉我们，冰激凌与犯罪行为无关，之所以在统计上存在正相关是因为天气。

冰激凌的销量与天气紧密相关，天气越热销量越高；同时，天气越热，人越容易在室外活动，越容易开窗（导致偷盗概率增加），人的心情也越烦躁（导致冲动型犯罪增加）。

故事中，看似相关的两个变量（冰激凌的销量、犯罪率）是高度相关的，但绝不等于说该关系是因果关系，实际上它们都是受第三个变量（天气）的影响。

在研究变量之间的关系时，通常把变量分为两种：**自变量和因变量**。当我们分析一个系统（或模型）时，可以选择研究其中一些变量对另一些变量的影响，那么我们选择的这些变量就称为自变量，而被影响的变量就被称为因变量。在广告优化实践中，较为可控、偏前端的数据指标多为自变量，如出价、创意、广告定向等；较为不可控、偏后端的数据指标多为因变量，如转化率、成本等。

回到因果关系的问题，为了判断自变量与因变量之间的关系是否为因果关系（一旦样本数据中两个变量之间的关系可以代表总体）我们应该：

1）用常识来判断这种关系是否有现实价值；

2）注意自变量是否发生在应变之前；

3）如果可能，尝试适当调整自变量，观察因变量的值是否会受影响；

4）即使自变量是决定变量的原因，也要意识到，是否存在没有被考虑到的、可能对因变量有影响的其他变量。

2.7 自变量和因变量之间的关系

我们在第一章中已经介绍过，变量有三种类型：数值型变量、顺序型变量、分类型变量。

自变量和因变量不一定是同一种变量，所以二者就有 9 种（3×3）可能的组合关系。如图 2-11 所示：

		自变量 x	
	数值型变量	顺序型变量	分类型变量
因变量 y 数值型变量	*		*
顺序型变量			
分类型变量			

图 2-11　自变量和因变量之间的关系

本书所介绍的广告数据定量分析的内容，主要涉及的是图中标"*"的两类，即：

1）自变量是数值型，因变量是数值型。比如，CPD 出价对下载量的影响；关键词出价对 CPC 的影响等。

2）自变量是分类型，因变量是数值型。比如，广告定向中的性别、城市、操作系统对信息流广告创意展现量、点击量的影响等；工作日和非工作日对转化成本的影响等。

下面将分别阐述。

2.8　两个数值型变量的关系

这里要涉及回归分析和相关分析，这两种统计方法可以回答一些明确定义的数值型变量间的关系。

回归分析描述的是一个或多个自变量的变化是如何影响因变量的一种方法。

相关分析描述的是两个数值变量间关系的强度。

2.8.1　相关分析

对于两个数值型变量，我们一般总用一个图来分析这些数据。

如图 2-12 所示，称为散点图。水平的 x 轴为自变量，垂直的 y 轴为因变量，图上每一个点代表一个观测值。

以某 App 在小米应用商店广告优化为例，来看一下精品广告下载量与总激活量是否有相关关系。

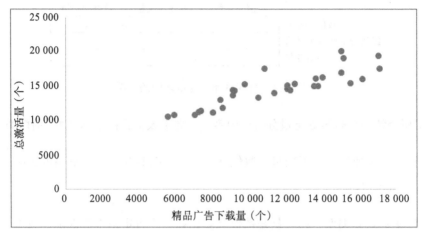

图 2-12　精品广告下载量与总激活量关系图

这个散点图直观表明，精品广告下载量越高，总激活量也越高。图 2-12 中点的趋势说明两个变量间确实存在一定的关系。

当这些数据沿一条直线排列时，我们可以计算一个系数来衡量两个变量间的关系。对于两个数值型变量，计算出来的系数记作 r，我们一般称之为相关系数，或是线性相关系数。非线性相关不是本书讨论的重点。

r 的取值为 –1 到 +1，–1 代表两个变量是完全的负线性相关关系，+1 代表两个变量是完全的正线性相关关系，0 代表两个变量不存在线性相关关系，越接近 1 说明两个变量的关系强度越高。

两个数值型变量的 r 值介于 0.7 ~ 1.0，代表了一个很强的正相关性；r 值介于 0.3 ~ 0.7，代表了一个较强的正相关性；r 值介于 0 ~ 0.3，代表了一个较弱的正相关性。r 为负值时，同理类推。

下面我们通过几个散点图来看看为什么散点图的不同趋势会导致不同的 r 值。

这四个不同的散点图，每个有 100 组观察值。这些数据都是我用 Excel 生成的，并没有实际意义,但为模拟广告数据分析的真实场景,依然加上了横轴坐标轴。

在图 2-13 中,这些点的排列有明显的规律,我们可以看到一种从左下角到右上角的明显的直线趋势。这些点沿对角线呈一种规则的分布,两个变量间的关系应该很强,相关系数也证实了,$r=0.97$。

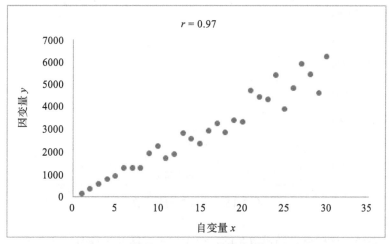

图 2-13　$r=0.97$ 的散点图

在图 2-14 中,这些点不像图 2-13 中那样明显的排成一束,但从散点图中我们仍然可以看到一种确定的正相关,相关系数 $r=0.70$。

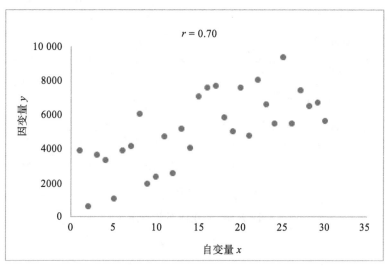

图 2-14　$r=0.70$ 的散点图

在图 2-15 中，相关系数 $r=0.52$，这意味着一个较弱关系，从散点图上几乎很难看出两个变量之间是否相关。

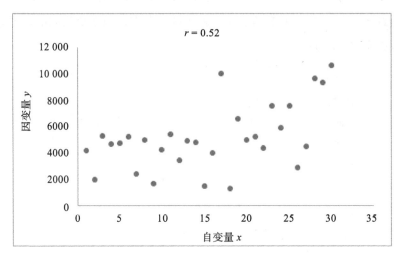

图 2-15　$r=0.52$ 的散点图

对于图 2-16，这些点是随机散布的，两个变量之间几乎没有什么关系。

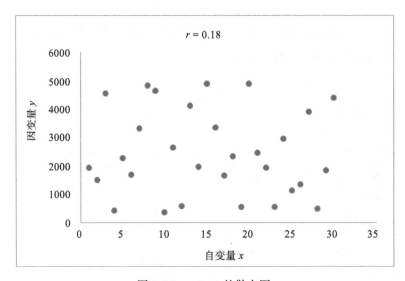

图 2-16　$r=0.18$ 的散点图

2.8.2 回归分析

相关分析的目的在于评估变量之间的关系强度,具体的评价指标就是相关系数 r。而回归分析侧重考察变量之间的定量关系,并通过一定的数学公式将这个定量关系描述出来,进而确定一个或几个自变量的变化对另一个因变量的影响程度。

回归分析的核心价值在于"预测",即通过对历史数据的分析,构建可以预测未来因变量值的数学公式。

图 2-17 在图 2-16 的基础上,加了一条穿过这些点的中心的直线,这条直线就是回归直线。

如果擦去这些点而只保留直线,我们仍然可以很清楚地了解精品广告下载量和总激活量的相关性。

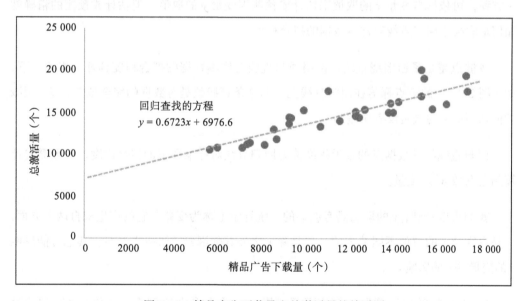

图 2-17 精品广告下载量和总激活量的关系图

图 2-17 中的回归直线在 y 轴上有一个截距,也就是说,当 $x=0$ 时,回归直线与 y 轴相交的那一点。同时可以看到,我已经用 Excel 计算出回归直线的方程(在散点图的图表元素中添加"趋势线",设置为线性,并且显示公式):

$$y = 0.6723\,x + 6976.6$$

如同这些点有一个正相关性（$r=0.87$），这条回归直线从图的左下角到右上角有一个正的斜率（0.6723），这意味着在一定范围内，随着精品广告下载量 x 每增加 1000 个，总激活量 y 大约增加 672 个。

一条回归直线的方程可以写作：

$$因变量 = 斜率 * 自变量 + 截距$$

用公式表达即为：

$$y = \beta_1 * x + \beta_0$$

回归直线 $y = \beta_1 * x + \beta_0$ 在一定程度上描述了变量 x 与 y 之间的定量关系，根据这一方程，可依据自变量 x 的取值来估计或预测因变量 y 的取值。但估计或预测的精确度如何是取决于回归直线对样本数据的拟合程度。

各散点越是紧密围绕直线，说明回归直线对样本数据的拟合程度越好。想象一下，如果图 2-17 中的散点都落在回归直线上，那这条直线就是对数据的完全拟合，这时用 x 的值来预测 y 的值是没有误差的。

回归直线与各数据点的接近程度称为回归直线对样本数据的拟合优度，一般需要计算判定系数 R^2 来度量。

我们可以看到，y 的取值是有波动的，统计学上称为变差。它的产生来自两个方面：一是自变量 x 的取值不同造成的；二是除 x 之外其他因素（如抽样误差、其他可能影响 y 的变量等）的影响。

判定系数 R^2 的计算原理其实是看 y 值的变差有多大比例来自 x 与 y 之间的线性关系。

如果所有的数据点都落在回归直线上，则 $R^2 = 1$，拟合是很完美；

如果 y 的变化与 x 无关，则 x 完全无助于 y 的变差，则 $R^2 = 0$；

如此可见 R^2 的取值介于 0 ~ 1 之间，越接近 1，表明 x 与 y 之间的线性关系对预测 y 值的贡献越大，拟合程度就越好。

判定系数 R^2 的计算原理不是重点，下面我用 Excel 计算前文的"精品广告下载量与总激活量"的回归方程的判定系数，具体操作方法是 Excel 的"数据"菜单栏 – 数据分析 – 回归，如图 2-18 所示。

SUMMARY OUTPUT

回归统计	
Multiple R	0.8722
R Square	0.7607
Adjusted R Square	0.7521
标准误差	1301.18
观测值	30

方差分析

	df	SS	MS	F	Significance F
回归分析	1	150663643.5	150663643.5	88.98836141	3.43285E-10
残差	28	47405997.28	1693071.331		
总计	29	198069640.8			

	Coefficients	标准误差	t Stat	P-value	Lower 95%	Upper 95%	下限 95.0%	上限 95.0%
Intercept	6976.6401	850.2779	8.2051	6.24502E-09	5234.9247	8718.3555	5234.9247	8718.3555
精品广告下载量	0.6723	0.0713	9.4334	3.43285E-10	0.5263	0.8182	0.5263	0.8182

图 2-18 精品广告下载量与总激活量的回归分析

可以看到，计算结果呈现出 3 个部分。

第一部分主要包括：

- Multiple R（相关系数 r）；
- R Square（判定系数 R^2）；
- Adjusted R Square（调整后的判定系数 R^2）；
- 标准误差（用回归方程预测因变量 y 时预测了误差的大小，各数据点越靠近回归直线，标准误差越小，回归方程进行的预测也就越准确）。

第二部分可以忽略。

第三部分主要包括：

Coefficients（系数，或者叫参数。在线性回归方程中，即为变量的斜率）；

回到刚才的回归方程，$y = 0.6723 x + 6976.6$，与图 2-18 中的两个系数是一致的。

相关系数 $r=0.87$，判定系数 $R^2=0.76$，标准误差 $=1301$。

现在解读一下，这几个数字的现实价值。

在小米应用商店广告优化中，精品广告下载量和总激活量是有很强的相关性的（$r = 0.87$）；根据回归方程，可以知道精品广告下载量 x 每增加 1000，总激活量 y 大约增加 672；根据精品广告下载量 x 来预测总激活量 y 时，平均的估计误差在 1300 左右，结合 y 的取值范围是 10000～20000，这个误差比例不到 10%；在总激活量的波动中，有 76% 可以由精品广告下载量与总激活量之间的线性关系来解释。

这个预测准确度其实已经不错了，但还有提升的空间。比如，影响总激活量波动的因素有很多，只考虑精品广告下载量很明显是不够的。如果能同时考虑更多的因素，包括其他主要广告位的下载量等，就能使总激活量的预测效果有一定的提升。

需要区分一点。我们刚才讨论的都是一元线性回归，即只有一个自变量和一个因变量。

广告数据分析中，还可能遇到多元线性回归的问题。我们将在第五章中以案例的形式具体介绍，比如用多类广告位的下载量（精品、搜索、排行榜等）来预测总激活量。

细心的朋友还会留意到，判定系数 R^2 之外还有一个调整后的判定系数 R^2。两者的区别在于，前者适用于一元线性回归，后者适用于多元线性回归。

2.9 分类型变量和数值型变量的关系

我们在广告优化实践中，经常会遇到广告定向的问题。

比如要不要限制广告投放受众的性别、城市、操作系统等，限制包括控制出价、仅投放某类特定人群等，以期获得更好的广告效果。

这时我们分析的就是分类型变量（广告定向、广告设置等）和数值型变量（流量、成本）的关系。统计学上最常用的数据分析方法叫作方差分析，从形式上看，方差分析是检验多个总体的均值是否相等的统计方法，但本质上它研究的是分类型自变量对数值型因变量是否有显著影响。

以多推广渠道的用户质量评估为例，如表2-3所示，某App在各应用商店推广渠道一个月的激活注册率。激活注册率 = 注册量 / 激活量，一定程度上可以反映获取的新用户质量。

表2-3 某App在各应用商店推广渠道一个月的激活注册率分布

日期	应用宝	小米应用商店	豌豆荚	百度手机助手	vivo应用商店	OPPO应用商店	360手机助手
2017/8/1	26.2%	11.2%	19.2%	21.2%	23.7%	26.8%	19.7%
2017/8/2	24.8%	10.3%	18.9%	23.5%	24.0%	29.2%	21.4%
2017/8/3	27.2%	10.7%	20.4%	23.2%	25.3%	27.5%	19.4%
2017/8/4	26.5%	11.4%	22.5%	24.0%	24.7%	27.9%	18.8%
2017/8/5	29.1%	12.3%	22.8%	24.7%	23.2%	26.0%	18.7%
2017/8/6	25.6%	12.6%	23.0%	21.7%	24.8%	27.1%	19.1%
2017/8/7	25.2%	11.7%	24.5%	19.9%	24.1%	27.5%	22.6%
2017/8/8	25.6%	10.9%	25.2%	23.9%	26.9%	29.8%	19.0%
2017/8/9	25.8%	5.5%	25.9%	23.4%	27.7%	33.4%	20.9%
2017/8/10	25.9%	7.7%	14.5%	20.7%	29.3%	34.0%	21.2%
2017/8/11	28.5%	9.1%	11.2%	20.7%	28.5%	36.6%	17.2%
2017/8/12	34.0%	13.0%	27.5%	18.1%	35.4%	40.6%	23.5%
2017/8/13	30.9%	13.2%	25.1%	23.9%	31.5%	37.9%	22.8%
2017/8/14	32.7%	15.4%	21.1%	24.3%	33.7%	41.0%	21.3%
2017/8/15	35.7%	13.8%	21.0%	25.8%	34.6%	40.1%	22.0%
2017/8/16	38.9%	13.4%	25.9%	15.9%	32.9%	41.3%	24.2%
2017/8/17	36.0%	12.7%	29.3%	21.1%	35.1%	39.9%	22.6%
2017/8/18	37.8%	12.1%	25.9%	20.9%	34.0%	34.9%	21.8%
2017/8/19	38.8%	10.8%	25.1%	15.5%	35.7%	33.1%	22.1%
2017/8/20	39.1%	12.6%	25.0%	17.6%	37.7%	36.9%	24.2%
2017/8/21	37.6%	12.1%	25.4%	15.6%	34.7%	34.6%	21.7%
2017/8/22	37.7%	14.0%	25.2%	18.3%	36.9%	36.6%	22.0%
2017/8/23	39.0%	15.0%	24.4%	11.4%	36.4%	38.1%	23.5%
2017/8/24	38.3%	17.3%	25.4%	10.9%	35.9%	36.5%	23.9%

（续）

日期	应用宝	小米应用商店	豌豆荚	百度手机助手	vivo 应用商店	OPPO 应用商店	360 手机助手
2017/8/25	36.0%	16.6%	25.3%	12.0%	33.9%	35.7%	23.8%
2017/8/26	34.9%	14.3%	26.2%	15.0%	35.7%	35.0%	21.9%
2017/8/27	36.1%	15.0%	26.4%	13.6%	34.4%	36.5%	23.6%
2017/8/28	35.9%	14.3%	25.1%	12.9%	35.1%	36.2%	23.6%
2017/8/29	34.6%	15.3%	25.2%	15.1%	31.9%	34.8%	23.8%
2017/8/30	34.1%	13.2%	24.0%	13.0%	35.0%	33.4%	21.6%

我们要问的第一个问题就是，数据中的两个变量之间是否存在差异，即不同推广渠道的 App 激活注册率是否真的有差别。

为了更容易地找出各推广渠道之间激活注册率的不同，我们需要一种比散点图更简单的图。如图 2-19 所示，在箱形图中，把每一个推广渠道的数据用 5 个数代替，分别是最大值、最小值、第 75 分位点、第 25 分位点、中位数。

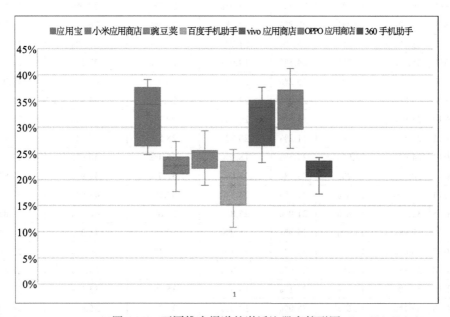

图 2-19　不同推广渠道的激活注册率箱形图

箱形图增强了不同推广渠道之间的可比性，接下来我们一起来看看从图中可以获悉哪些信息？首先应该来对比不同推广渠道的中位数，因为它们代表中心值。中位数由箱形图中间的横线代表,可以发现应用宝、vivo 应用商店、OPPO 应用商店三个渠道的中位数最高,接近于 35%。因此初步判断这三个渠道的平均激活注册率最高。同样,可以看到小米应用商店、豌豆荚、百度手机助手、360 手机助手等几个渠道的激活注册率是较低的。

箱形图的另一个特征是箱子的高度,高度越小,说明分布越集中。例如,小米应用商店的箱子比其他渠道要短,这意味着该渠道内不同日期之间的激活注册率比其他渠道要更稳定。

第一个问题的答案已经出来了,从图中可以直观地看出,不同推广渠道和 App 激活注册率这两个变量之间存在关系。

第二个问题是,我们还需知道这两个变量之间关系的强度,以及这个关系是否可能出于偶然。要回答这个问题,就需要使用方差分析。

不同推广渠道的激活注册率不尽相同,究其原因是它同时受到自变量和残差变量的影响。方差分析可以帮助我们将其定量化。自变量在这个例子中就是不同渠道,残差变量是除自变量之外能够对因变量(激活注册率)产生影响的变量。

渠道变量和残差变量的总效应 = (每一个观测值 – 总均值)^2 之和

自变量的效应 = (每一组的均值 – 总均值)^2 之和

残差变量的效应 = (每一个观测值 – 所有组的均值)^2 之和

图 2-20 是我用 Excel 计算得到的方差分析结果,具体操作方法是 Excel 的"数据"菜单栏 – 数据分析 – 方差分析:单因素方差分析。

图 2-20 的上半部分是不同渠道的描述统计,包括观测值、求和、平均值、方差。下半部分是我们关注的重点,差异源这一列包括组间、组内和总计,对应刚才介绍的自变量、残差变量和总效应。SS 这列为平方和,即为效应的具体值。可以简单计算一下,自变量(不同渠道)的效应占比是 0.6794/1.0167=66.8%。

方差分析：单因素方差分析
SUMMARY

组	观测数	求和	平均	方差
应用宝	30	9.783 905 065	0.326 130 169	0.002 709 525
小米应用商店	30	6.774 421 149	0.225 814 038	0.000 627 126
豌豆荚	30	7.067 254 047	0.235 575 135	0.001 412 579
百度手机助手	30	5.677 569 761	0.189 252 325	0.002 085 346
vivo 应用商店	30	9.429 162 057	0.314 305 402	0.002 294 982
OPPO 应用商店	30	10.286 909 92	0.342 896 997	0.002 138 803
360 手机助手	30	6.519 484 538	0.217 316 151	0.000 362 483

方差分析

差异源	SS	df	MS	F	p 值	F crit
组间	0.679 401 55	6	0.113 233 591	68.149 409 56	5.517 58E-46	2.143 452 883
组内	0.337 294 47	203	0.001 661 549			
总计	1.016 696 017	209				

图 2-20　单因素方差分析表

这个比例 0.668 称为 R^2，这个数是可以与回归分析中相关系数的平方直接对比的。换句话说，已知 R^2 是 0.668，取平方根后，R 就应该是 0.817，可以近似理解为这是两个变量（不同渠道、激活注册率）之间的相关系数。$R=0.817$，可知不同渠道和激活注册率之间具有很强的关系。

至此，还剩下最后一个问题。这两个变量之间的关系是偶然的吗？

图 2-20 下半部分的 p 值列，又看到我们熟悉的 p 值了。可知 p 值是 $5.51758 * 10^{-46}$，远远小于 0.05。说明，不同渠道和激活注册率之间的关系是确实存在的，是超出偶然机会可以解释的范围的。

方差分析的适用范围非常之广，凡是涉及分类型变量和数值型变量的关系，都可以考虑使用。下面列举一种代表性的需求场景，供大家参考。

需求场景：评估各类广告定向对广告效果的影响程度。

我们都知道，广告定向对于广告优化是非常有价值的，但现在主流的广告媒体广告平台提供的广告定向如此丰富，少则 5～8 种，多则 10～20 种，使人眼花缭乱。选取哪些广告定向进行投放测试，除了广告主能提供一定的数据指导外，更多是依赖广告优化人员的个人习惯和经验。而方差分析可以帮助我们更方便和科学地实现这一需求。

首先，根据广告主的数据参考以及优化人员的经验，选取 3～5 类广告定向进行投放测试。不同的广告定向即为自变量。

其次，确定用于评估广告效果的数据指标是转化率，还是转化成本。这些用来评估广告效果的数据指标即为因变量。

最后，待数据积累到一定程度，一般应保证每一组的点击量在 10000 以上，开始做方差分析。可以计算出不同广告定向和广告效果的相关系数，即代表前者对后者的影响程度。

对于广告优化的指导是，投放测试首选应选取对广告效果影响较大的广告定向。而确定了某一广告定向后，比如性别，到底是投放男性用户的广告效果更好，还是投放女性用户的广告效果更好，就可以用两个总体比例或两个均值之差的显著性检验了。

2.10 本章小结

本章介绍的是广告数据分析中的统计学原理，对应广告数据从获取到处理，再到分析和得出结论的全流程，其实都有统计学的方法论贯穿其中。读完本章内容，我不希望大家陷入公式和定义的"泥潭"，而是希望大家能结合广告优化实践活学活用，哪怕暂时理解不了也没关系，先把公式、工具掌握了，随着本书内容的不断展开，我们对广告数据定量分析的认知也将更加深刻，很多问题自然而然就理解了。

第 3 章

广告数据的描述：图表

第 3 章的要点是对广告数据进行描述，图表是重要的工具之一。相较于文字和数据，图表有着得天独厚的优势——方便简洁、直观形象，对我们开展数据分析及讲好业务故事有着极大的帮助。目前，业内大部分做广告数据分析的朋友对图表的重视程度不足，除了在做客户提案或汇报外，几乎很少用到图表，究其原因还是对图表的价值理解不到位、没有掌握用图表帮助进行数据分析的方法论。在本章我将带大家一起领略基于图表做广告数据分析的魅力，希望对大家的工作有所帮助。

3.1 初阶：维度和指标

首先来认识一下图表中的两个重要概念，即维度和指标。相信大家都耳熟能详了，但从未严谨地做过区分和识记，一直是混着用的。为了保证讲解的有效性，我们需要先对这两个概念做严格的定义。

维度：说明数据，是指可指定不同值的对象的描述性属性或特征。例如，在广告定向中，"地域"维度的值可以包括"北京""上海""广州"，"投放渠道"维度的值可以包括"百度 SEM""今日头条信息流""小米应用商店"。

指标：衡量数据，是指可以按数值或比值衡量具体维度元素。例如，"投放渠道"这一维度，可以关联指标"广告消费"，其值为具体投放渠道的广告消费金额。

虽然，维度和指标都是可以独立使用的，但我们在做数据分析时经常会将二者关联使用。正是维度和指标的值以及这些值之间的关系，才使得数据具有了现实意义。同时，为了挖掘尽可能多的信息，一个维度通常与一个或多个指标关联在一起。例如，"投放渠道"这一维度，可以与指标"广告消费"和"获客数"相关联，有了这些数据，我们就可以新建"获客成本"等比值指标，带来有关这些投放渠道的更深入的信息。

在广告数据分析时，适当的数据可视化能帮助我们在短时间内对数据的整体分布情况有一个宏观把握，有利于洞察可能出现的问题，从而进行微观调整优化。下面，我将重点介绍几种具有代表性的图表。另外，需要说明的是，所有图表都是 Excel 直接生成的，不需要借助其他工具。

3.1.1 看分布

1. 直方图

如图 3-1 所示，以某一 SEM 账户某天的关键词报告数据为例，关键词共 805 个，账面消费合计 3005 元。选取"消费"一列，可生成直方图，这里设置组距为 10，即每 10 元为一个消费区间。数据显示，在 805 个关键词中，有 746 个（占 92.6%）关键词的消费在 0 ~ 10 元；接下来继续观察，图表右方消费区间较大的关键词，150 ~ 160 元有 1 个，300 ~ 310 元有 1 个，320 ~ 330 元有 1 个，这三个关键词的合计消费为 788 元（占 26%），这个消费占比还不够高，我们再向左扩展一些，把消费大于 30 元的都包括进来，合计 22 个（占 2.7%），账面消费合计 1806 元（占 60%）。

这其实就是帕累托法则（或称"二八原理"），不一定是严格的二八分，本质上是少数甚至极少数关键词占据了整个广告预算的较大部分，比如在这个例子中，有 2.7% 的关键词占了全部预算的 60%。设想一下，如果 TOP 级关键词的成本上涨 20%，如果预算不设严格限制，将导致整体成本上涨 12%；如果预算设上限，势必影响中长尾词的投放，不论是控制出价还是控制时段，这部分词的流量稳定性较差，造成成本升高的可能性较大，综合估算整体成本上涨不止12%。

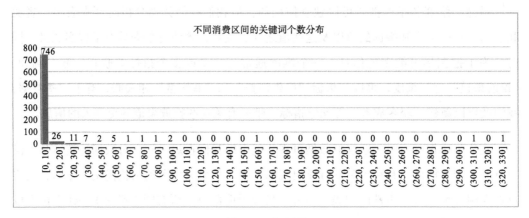

图 3-1 直方图

换个角度看，TOP级关键词数量少、消费高，牵一发而动全身，但正因为数量少，更有利于做精细化优化，包括但不限于定制化创意、多创意A/B测试、时段分析等多种策略。

同时，不得不提的是，直方图的一种特殊形式，叫作排列图（专业说法是帕累托图）。

不同于直方图是组距（本例中即消费区间）的依次排列，排列图是频数（本例中即关键词个数）的降序排列，并加以累计占比的折线图。帮助优化师抓住广告优化的"主要矛盾"，犹如太极拳的四两拨千斤。

图3-2的初步结论为：消费在10元以内的关键词的比重非常高，接近95%。

2. 比重图

比重分析主要是用来了解不同部分占总体的比例，帮助我们对整体的数据分布情况有一个更清楚的认知。

先讨论横向比较的情况，饼图、环形图可以满足这类需求。

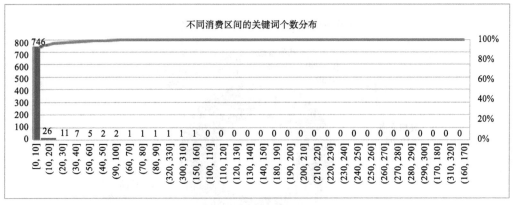

图 3-2 排列图

如图 3-3 的饼图所示,我们将某 App 在小米应用商店各广告位的下载量数据可视化,可以直接得到一些结论:免费的自然量对渠道的贡献较高,占到 37%;付费流量中,精品广告和装机必备是主力,贡献了 38.6% 流量;其余几类广告均起到补充的作用。图 3-4 的环型图对应了图 3-3 中各广告位的广告消费分布,我们可以看到:精品广告花了 76% 的广告费,其次是装机必备的 10.7%。两张图放在一起,即将"下载量"和"广告消费"这两个数据做关联,可以看到精品广告是重中之重,在广告优化中应为最高优先级,如果能稍微降低一点精品广告的成本,则可以腾挪出可观的广告预算给其他广告位,实现下载量的增长。

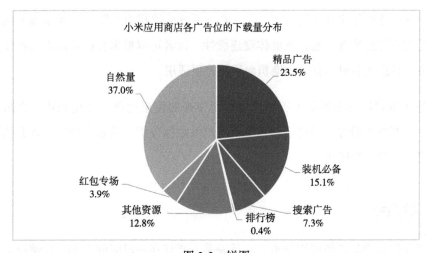

图 3-3 饼图

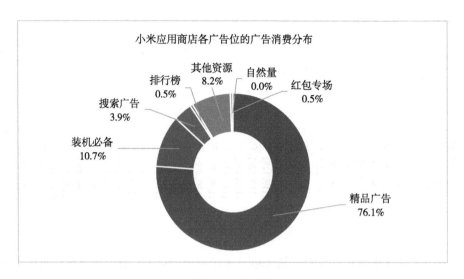

图 3-4 环型图

请不要觉得这些结论稀松平常,业内常说如何精细化优化,但如果对数据的分布情况都做不到精确的认知,缺乏对宏观上的把控,精细化优化往往会陷入微观细节的"泥潭"中,难以达到预期效果。

接下来讨论纵向比较,常用的是百分比堆积面积图、百分比堆积柱状图。这些图可以反映不同部分所占比例的趋势变化。

如图 3-5 是百分比堆积柱状图,图 3-6 是百分比堆积面积图,后者本质上就是在前者基础上把各柱连接在一起,更能体现连续性。读者可以根据自己的需求选择使用,不过当横坐标日期太多时,百分比堆积面积图将更适用。

百分比堆积图动态展示了不同广告位所带来的流量比例的变化趋势,再结合获客量趋势、获客成本趋势,渠道运营人员就可以做数据分析,通过各类广告资源的配比调整,实现广告效果的优化。

3.1.2 看趋势

趋势分析是最基础的图表分析,它反映某一指标在一段时间内的变化情况。对于不同的广告数据指标，优化工作的目标是不一样的。对于成本类来说，优化目标是持续下降并保持稳定的；对于流量类来说则是稳步上升并保持稳定的。一旦趋势发生异常（异常高和异常低），就需要及时介入，排查原因，调整优化。

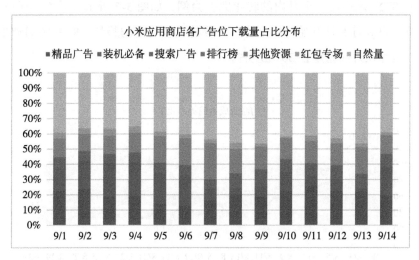

图 3-5　百分比堆积柱状图

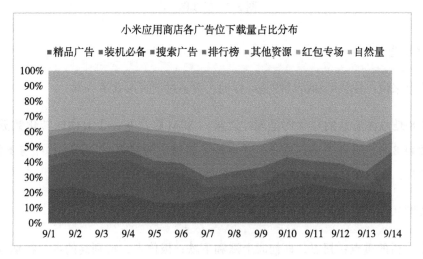

图 3-6　百分比堆积面积图

趋势图包括折线图、柱状图、堆积图等多种形式，下面将一一介绍。

1. 折线图

折线图是最常用的图表之一，这里不再赘述。

以某一 SEM 账户在一个月内的转化数据为例，如图 3-7 所示。平均注册成本一开始居高不下，自 8 月 5 日开始持续下降，并保持了较稳定的趋势，8 月 16 日略有反弹，随后回落，最终在月底稳定在 35 元左右。

图 3-7　折线图

2. 柱状图

本质上来说，柱状图和折线图是一样的，只不过展现形式不一样。

图 3-8 是总注册数的柱状图呈现。以某一 SEM 账户在一个月内的转化数据为例，总注册数自 8 月 5 日开始迅速增长，并保持了较稳定的趋势，8 月 15 日略有下滑，随后立即回升，最终在月底稳定在每日 220 个左右。

折线图和柱状图的优势是可以快速了解某一指标的变化情况。

数据分析的重点：拐点，即何时上涨和下跌；极值点，特别高的点和特别低的低，具体界定标准可以参考平均值 ±10% 或 ±20%。

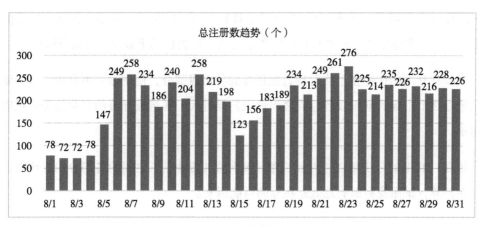

图 3-8　柱状图

3. 堆积柱状图

如图 3-9 所示是堆积柱状图，延续前文小米应用商店的例子。区别于百分比堆积图显示的是各广告位的下载量占比，堆积柱状图直接显示的是各广告位的实际下载量。从图中可以看到，9月2日和3日，总下载量显著下降并保持相对稳定，分析各广告位的组成，可知主要是受到精品广告和自然量下降的影响。

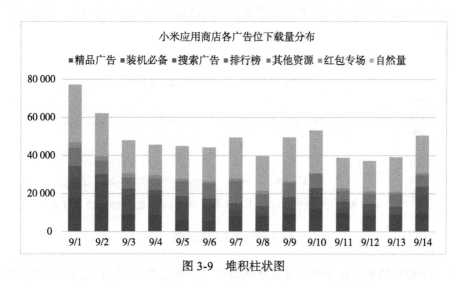

图 3-9　堆积柱状图

需要特别强调的是，只有当总量相对稳定不变的前提下，做比重分析才是有意义的。现在请大家回顾一下图 3-5，在 9 月 2 日和 9 月 3 日两天，精品广告和自然量的下载量占比是非常稳定的，但堆积柱状图显示这两个广告位的下载量是显著下降的。

堆积柱状图的优势在于能看到数据指标的各组成部分，便于做归因分析；劣势则是一旦超过 2 个指标的堆积或各组成之间量级差异过大，各组成部分的变化趋势便难以直观体现。

堆积柱状图的分析重点：对比极值（极大值和极小值）之间的各部分构成比例，是否存在差异，试图找到影响总数据指标的可能因素。

4. 多指标的趋势图

当需要同时观察多个指标的变化趋势时，可选择折线图或柱状图＋折线图的呈现形式，不建议单纯以柱状图的形式呈现。

如图 3-10 所示是"单坐标折线图"，可以看到"总注册数"和"平均注册成本"是存在一定负相关的，前者增长并有一定的波动，同时后者下降并相对稳定。需注意，"单坐标折线图"比较适用于多个指标之间量级差异不大的情况，图 3-10 是一个反面例子，"平均注册成本"的趋势显得非常平缓，我们没有办法直接观测其精确的趋势。

图 3-10　单坐标折线图

当两个指标的量级悬殊较大或需要强调时，应考虑"双坐标折线图"，可将其中一个指标设为次坐标轴。如图 3-11 所示，图表中的"平均注册成本"趋势更加精确。

图 3-11　双坐标折线图

还有一种常用的是"柱状折线组合图"，一般都是双坐标，可用于强调二者是不同类型的指标，比如流量和成本、消费和流量等。其中，折线图适用于波动大的指标，更直观反映数据的走势变化。如图 3-12 所示，"平均注册成本"从 200 多下降到 30 左右，波动较大，适用折线图。

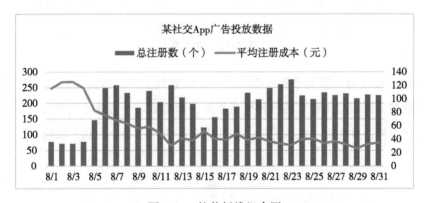

图 3-12　柱状折线组合图

3.1.3　多维度和指标交叉

1. 二维–散点图

还记得前文小米应用商店各广告位投放的例子吗？将图 3-3 和图 3-4 关联做分析，可以获得不少有价值的信息。接下来给大家介绍一种更简单有效的图表，那就是散点图。

现在，我们把图 3-3 和图 3-4 的数据都提出来，剔除自然量，只讨论付费流量，形成如 3-13 所示的散点图，横坐标是下载量占比，纵坐标是广告消费占比，简单明了。接下来加一条辅助线，即从左下角（0，0）出发经过（20%，20%）的直线，这样将图表分为了两个区域，辅助线左上方的是广告消费占比相对偏高的，典型代表就是精品广告，占据了 76% 的广告消费，贡献了 37% 的下载量，应作为重点优化对象。

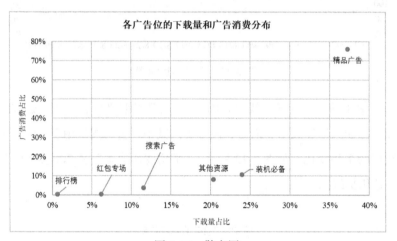

图 3-13 散点图

散点图一般还为四象限分析模型的搭建提供数据支持。如图 3-14 所示，四象限分析模型是数据分析中应用很广的一种分析框架，即提取两个最核心的指标，每个指标都以某一标准为界，分为高和低两部分，如此将全部的样本划分为四个象限。

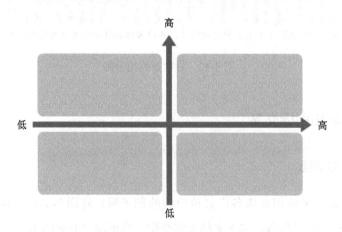

图 3-14 四象限分析模型图

2. 三维－气泡图

在数据分析中，三维的数据图表比较少见，这是因为二维的数据图表已经能满足大多数的数据分析需求，对优化人员的要求也基本到此，所以哪怕出现三维的数据分析需求，也往往被简化为二维的。长此以往，我们的优化人员将陷入自己营造的"舒适区"，数据分析往往仅限于二维交叉分析。

相信大家都曾有过这样的体验，如果是优化一个局部的效果，比如某个关键词、某条创意，不论是一维分析还是二维分析，我们做数据分析都是非常有用的；但一旦上升到一个整体的效果时，比如某个推广计划、某个推广渠道，数据分析就会显得力不从心。究其原因在于，我们做数据分析的对象已经不再是一个或若干个体的集合，而是一个"系统"。引用生物学家 L.V. 贝塔朗菲提出一般系统论原理辅助阐述，即任何系统都是一个有机的整体，它不是各个部分的机械组合或简单相加，系统的整体功能是各要素在孤立状态下所没有的性质。对应到广告优化领域，我们的推广计划或推广渠道，已经不再是若干个关键词和创意的简单叠加，而是一个有机地结合体，各组成部分所具有的细微属性，经由系统可能会产生"量变引起质变"的效应。

举个具体的例子，在 SEM 广告中，如果每一个关键词的平均排名上升 0.05，对每一个关键词来说，曝光量增加几乎是微乎其微的，转化量大概率是维持不变，但如果账户里 5000 个关键词每一个的平均排名都上升 0.05，曝光量和转化量的增加量多半是可观的。

还有一个例子，在信息流广告中，展现排名机制是：广告排名 =CPC 出价 * 预估 CTR，如果存在个别 CTR（点击率）显著偏低的创意，一两条可能影响不大，数量多了之后，就会拉低预估 CTR，对新创意的投放非常不利。所以，信息流广告优化技巧中有这样一条：推广计划中如果有点击率特别低的创意，要尽早中止或是将其从该推广计划中剔除。

还有广告渠道整体效果不稳定的分析，将在第 7 章再具体阐述。总体来说，"系统论"使得原本复杂的广告优化问题有了理论可循。

讲到这里，我们只分析了"为什么"，还需要知道"怎么做"。其实，大家应该也能猜个大概了,对"系统"进行数据分析需要增加分析维度,我们先从三维的数据分析开始由浅入深吧。

基于 Excel 的功能,三维的数据图表这里主要介绍一种,那就是气泡图。如图 3-15 所示,散点图呈现了 SEM 各类关键词的数据情况,横坐标是转化成本,纵坐标是转化量,气泡的面积是广告消费。这三个数据指标是非常重要的,转化成本与广告的 ROI 直接挂钩,转化量是预估业绩的重要参照,广告消费体现了广告预算的分配。通过图 3-15 我们不难得出这样的结论:产品词 1 和产品词 2 是广告消费的主力,也带来了可观的转化量,在效果优化时应作为最优先考虑;同时,以平均目标转化成本 40 元为基准,产品词 1 的成本较低,可以再进行放量,如果广告预算有限,则可以考虑削减通用词 1 和竞品词的预算,实现整体效果的进一步优化。

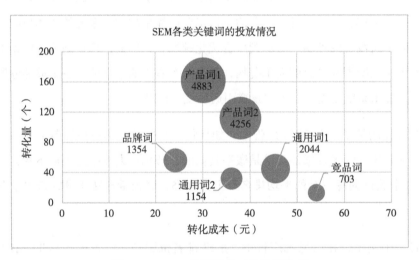

图 3-15 SEM 关键词的三维数据分析

3.1.4 看相关

介绍完三维的数据分析,我们将进一步探讨更多维度的分析。此时,常规的数据图表已经不能满足三维以上的数据分析需求了,下面介绍如何做相关性数据分析,来分析及读取数据分析结果。

表 3-1 是某 App 在应用宝推广账户的两周数据,包括广告优化师投放的 6 类广告资

源的下载量和总注册量，但介于应用商店媒体方的限制，后端效果数据是无法分拆的，需要通过数据分析评估各类广告资源的转化效果。

表 3-1 某 App 应用宝推广账户投放数据

日期	系统通投	原生列表	搜索图文+详情页	7.0 首页卡片	7.0 左图右文单标题	7.0 三图卡片	总注册
1	2810	1455	198	4063	293	812	1417
2	3151	1708	201	4306	91	615	1394
3	4182	1817	167	8676	201	558	2402
4	3194	1898	147	4600	120	611	1582
5	3172	1974	170	4489	127	369	1614
6	2884	2370	144	4300	117	375	1434
7	2572	2318	135	4949	178	443	1434
8	2598	2657	128	4759	148	558	1475
9	2472	3202	143	2708	294	589	1285
10	3099	3427	154	3734	467	833	1614
11	2589	2366	148	2709	287	498	1259
13	3048	2286	129	3231	446	836	1691
14	2850	2621	101	1710	369	478	1371

有很多工具都可以实现相关性分析的需求，这里以最简单常用的 Excel 为例。

第一步，在 Excel 中加载分析工具库；

第二步，在菜单栏【数据】中找到【数据分析】，选择【相关系数】；

第三步，选择输入区域，输出结果，即 6 类广告资源各自下载量与总注册量。

如 2.8.1 节所述，相关系数反映了两个变量间线性相关关系，或者简单说是同增同减的一致程度。通过表 3-2 的数据结果可知，总注册量与系统通投计划、7.0 首页卡片这两类广告资源的下载量具有较强的相关关系，结合广告转化逻辑，即提高这两类广告资源的下载量，有较大概率实现总注册量的增长。同时需要注意的是，总注册量与原生列表的下载量呈较弱的负相关，故不建议在原生列表这类广告资源里发力。

表 3-2　总注册数与各类广告资源下载量的相关系数

	系统通投计划	原生列表	搜索图文+详情页	7.0 首页卡片	7.0 左图右文单标题	7.0 三图卡片	总注册
系统通投计划	1.000						
原生列表	−0.406	1.000					
搜索图文+详情页	0.334	−0.583	1.000				
7.0 首页卡片	0.746	−0.432	0.380	1.000			
7.0 左图右文单标题	−0.114	0.515	−0.332	−0.457	1.000		
7.0 三图卡片	0.092	0.070	0.238	−0.098	0.638	1.000	
总注册	0.915	−0.262	0.146	0.832	−0.016	0.118	1.000

3.2　进阶：用户行为洞察

3.2.1　漏斗图

漏斗图是转化漏斗图的简称，是对用户的某一特定行为路径进行拆解，分析全流程中每一环节的转化效率以及和整体转化效率的关系。

对于广告数据分析来说，转化漏斗分析的逻辑是分为用户和广告优化师两侧的。

对于用户来说，从看到广告到转化为目标用户，行为路径的全过程基本为：看到广告→产生兴趣→发生互动（点击等）→获取更多的相关信息→发生转化（下载 App、填写表单、在线咨询、拨打电话等）。

对于广告优化师来说，要理解用户的这个行为路径并非难事，但实践中，用户行为路径全过程中的部分环节难以被捕捉和量化，只能省去。于是，我们见到的转化漏斗大多是：展现量→互动量（点击广告、点击安装 App）→有效转化量（App 激活量、用户注册量、销售线索量等）。

对于不同的广告类型和转化目标，转化漏斗也有细微差异。比如应用商店的付费推广中，转化漏斗为：曝光量→下载量→激活量→注册量→新客量（衡量标准各有不同）；又比如以获取销售线索为核心目标的信息流广告中，转化漏斗则为：展现量→点击量→落地页访问量→有效销售线索量。

下面举一个真实投放数据的案例，如表 3-3 和表 3-4 所示是某现金贷款 App 在今日头条信息流渠道的部分投放数据，包括创意样式、从曝光到最终转化的全过程数据。在此次广告投放中，我们进行了一定的变量控制，即广告位、广告定向、落地页都是一样的，主要的差别在创意的图片和文案，另外出价上略有一定的差异。通过分析表 3-4 的数据不难看出，0311 和 0316 这两个广告创意的转化效果要显著好于后面两个创意，主要体现在注册数和注册成本，但要弄清楚究竟是哪一个环节、哪一因素制约了广告效果，还需要依赖用户转化漏斗分析。

表 3-3　某现金贷款 App 信息流广告的创意样式

创　意	素材样式
安卓–全国-0311	
安卓–全国-0316	
安卓–全国-0317	
安卓–全国-0322	

表 3-4　某现金贷款 App 信息流广告的投放数据

创意	曝光	点击	CTR	消费	CPC	出价	访问落地页	下载	注册	注册成本
安卓–全国-0311	298 250	8211	2.75%	940.0	0.11	0.13	7562	385	42	22.38
安卓–全国-0316	166 566	4692	2.82%	529.6	0.11	0.13	4357	281	34	15.58
安卓–全国-0317	542 824	8480	1.49%	935.5	0.11	0.12	7687	270	26	35.98
安卓–全国-0322	173 143	2640	1.53%	273.9	0.10	0.10	2383	69	8	34.24

根据现有的数据，我们构建出以 App 注册量为核心 KPI 的转化漏斗：曝光量→点击量→落地页访问量→下载量→注册量，分析每一个环节的转化情况。如表 3-5 所示，先分析前端数据，从曝光到点击、从点击到访问落地页，四个创意的表现都比较正常，没有存在点击率特别低或者访问落地页有故障的情况；接下来分析后端数据，按照标准的转化流程，用户在访问落地页时，根据落地页的引导下载 App，我们可以看到 0317 和 0322 两个创意在访问落地页→下载转化率上表现较差，但下载→注册转化率与前两个创意基本持平。所以，我们可以得出一个初步的结论：0317 和 0322 这两个创意之所以效果较差，主要是因为很多用户访问落地页后没有下载 App。用户不下载 App 的原因各种各样，主要有落地页引导没做好、落地页信息与信息流广告不一致、用户本身没有很强的意愿等。我们用排除法一个一个核对，最终发现还是用户意愿不强的问题。回到信息流广告本身，就落到了广告定向和创意的问题，介于我们的广告定向都是一致的，那就是不同创意吸引来的用户存在一定的差异。说到这里，转化漏斗分析算是基本完成了，但什么样的创意才能带来更好的转化呢？这个问题在信息流广告优化中是一个普遍而玄妙的问题，说普遍是因为几乎每一个信息流广告优化人员都会遇到，说玄妙是因为创意是由图片和文案组成，难以通过数据定量化。第 5 章将对这一问题进行讲解。

表 3-5 某现金贷款 App 信息流广告的用户转化漏斗分析

创意	曝光→点击	点击→访问落地页	访问落地页→下载	下载→注册
安卓–全国-0311	2.8%	92.1%	5.1%	10.9%
安卓–全国-0316	2.8%	92.9%	6.5%	12.1%
安卓–全国-0317	1.5%	90.6%	3.5%	9.6%
安卓–全国-0322	1.5%	90.3%	2.9%	11.6%

现在再说一点刚才漏斗分析中的额外收获，我们发现 0317 和 0322 这两个创意不光是访问落地页→下载转化率偏低，曝光→点击转化率也明显较低，这两个数据指标是否有一定的相关性呢？答案是肯定的，我将统计样本扩大到 134 个创意，计算曝光→点击转化率和访问落地页→下载转化率的相关系数高达 0.82。这说明，就这个案例而言，信息流广告平台提供的点击率数据在一定程度上可以反映创意的质量，这给我们的数据分析和广告优化提供了更多的可能。

3.2.2 用户行为路径图

用户行为路径区别于用户转化漏斗,前者重点分析用户在某一环节或某一页面的行为特点,后者则侧重分析用户在各环节之间的转化情况。对于用户行为路径的分析,业内常用的是热力图(heat map),这种图表需要用专业的网站监测工具在目标页面上部署代码。

热力图能简单直观地反映用户在进入某一页面后的实际行为,对于广告优化来说,应用较广、价值较大的数据是两个:一是用户对页面上大家置的兴趣注意力分布,二是落地页中用户下拉完成度的分布。下面逐一介绍。

如图 3-16 所示是维基百科 "Eye tracking" 一词相关页面的热力图。页面上出现了深浅渐变递进的图层,本质上是用户鼠标指针的停留时间,深色区域的停留时间最久,其次是中等颜色,最后是浅色的。鼠标指针停留时间,侧面反映了用户对页面上各元素的兴趣注意力相对大小,对于评估页面质量、用户是否按照既定引导完成转化、页面优化改进等都具有一定的参考价值。

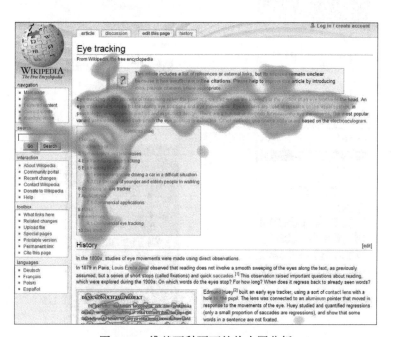

图 3-16 维基百科页面的热力图分析

图 3-17 是某教育机构的移动端营销落地页，长度大约为普通手机的 6 屏多，为了呈现方便，我将其截为上下两部分，左图是上半部分，右图是下半部分。上半部分差不多是 3 屏，我们可以看到，100% 的用户都看到了第 1 屏，接下来就越来越少了，到了

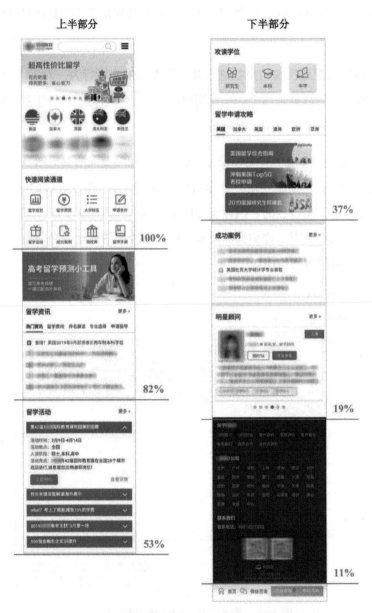

图 3-17　某营销落地页的用户下拉完成度分布

第 3 屏只有一半，到了第 5 屏就只剩下 19%，这个数据就是热力图工具提供的用户下拉完成度的分布，热力图专业工具的实际效果呈现得比这个案例要精美更多，但本质上是一样的。对于我们做广告数据分析来说，这个数据能告诉我们现在的落地页布局是否合理？营销落地页上需要用户完成转化的组件，比如表单、按钮等，既不能太靠后，避免很多用户没有耐心和兴趣下拉到后面，也不能太靠前，需要先有一定的信息做铺垫，不然目的性太强，用户的抵触情绪较大。

3.3 本章小结

本章介绍的是在广告数据分析中如何使用图表，发挥其应有的价值，帮助我们在纷繁复杂的广告数据中获得一些洞察，为进一步的数据分析奠定基础。读完本章，希望大家在后面的广告数据分析中，多做图表，将同样的维度用不同类型的图表呈现，尝试各种维度的交叉分析，逐渐找到适合自己工作习惯的图表分析方法论。另外请注意，弄清楚数据分布在整个广告数据分析中是很重要的环节，在接下来的章节中，大家将会有更加深刻的体会。

第 4 章

SEM 广告数据分析

本章将主要围绕 SEM 这一广告渠道的数据分析进行全方位的讲解，先从更高的层面来认识搜索引擎这一媒体的特点；其次对 SEM 广告数据分析中困扰大家的痛点和难点进行盘点；接着是根据我个人的从业经验和研究积累，为大家分享一些做 SEM 广告数据分析的思路。

4.1 认识 SEM 广告

4.1.1 SEM 广告发展现状

SEM（Search Engine Marketing，即搜索引擎营销，也就是我们经常说的关键词广告）。

SEM 广告是 PC 时代的产物，在中国网络广告市场份额中长期保持 30% 以上的市场份额，有两年甚至达到 40%，更是成就了互联网巨头百度。

目前，SEM 广告市场依旧是"一超多强"的竞争格局，一个超级霸主是百度，多家实力雄厚的巨头分别是搜狗、360、神马等。根据艾瑞发布的《2018 年中国互联网产业发展报告》数据，2017年中国搜索引擎企业营收中，百度占了78%，成为唯一一家头部广告平台。

所以，对于数字广告从业者来说，百度SEM这一个渠道就代表了SEM的主要流量，更不用说百度创立的SEM竞价排名规则、广告样式、销售体系等对行业具有的深远影响，掌握了百度SEM广告数据分析，其他的SEM便会触类旁通了。

进入移动互联网时代后，用户的上网行为和注意力分配有了重大变化，搜索引擎也不再是人们获取信息的主要渠道了。以应用商店广告、信息流广告为代表的新兴互联网广告快速崛起，压缩了SEM广告的市场份额。根据艾瑞发布的《2019年中国互联网发展全瞻》报告，搜索广告整体发展低于行业水平，2017年在整个网络广告的市场份额为22.7%。

现阶段，SEM广告仍具有其他广告无可比拟的优势：

1）搜索引擎是刚性需求，已成为互联网基础应用。对广大互联网初级用户来说，经过十几年的市场教育，"有事问百度"的认知已深入人心，用户普及率很高，使用习惯已养成。根据CNNIC发布的第43次《中国互联网络发展状况统计报告》，截至2018年12月，我国网民规模达8.29亿，其中移动网民8.17亿，占比达98.6%。搜索引擎用户规模达6.81亿，使用率为82.2%；手机搜索用户数达6.254亿，使用率为80.0%。

2）搜索引擎获取的数据是用户最真实的需求。例如，Google流感趋势会根据汇总的Google搜索数据，近乎实时地对全球当前的流感疫情进行估测。而我们的SEM广告优化人员，会通过对用户的搜索偏好进行分析，挖掘用户的潜在需求，设计SEM关键词广告，使得用户一旦触发SEM广告，广告内容与其真实需求较为相关，用户体验较好。这一点优势还延续到了信息流广告，得益于自有的搜索引擎，有了用户搜索行为数据的加成，百度信息流、UC信息流等平台的广告定向的精准性也得以提高。

3）SEM广告平台相对更成熟，投放效果更稳定和可控。以百度的凤巢平台为例，近十年来不断迭代完善，堪称业内最成熟的广告平台之一。

同时，SEM广告也面临诸多威胁和挑战：

1）网民对 SEM 广告的认知度提升，排斥感加强。在"魏则西事件"之后，广大网民开始对 SEM 广告有所认知，相关政策监管收紧，"广告"标识的强制显示，均在不同程度上提高了 SEM 渠道的流量获取难度和获取成本。

2）内容资讯全面崛起，人与信息的关系逐渐由"人找信息"向"信息找人"转变。移动互联网时代，用户的使用相关服务依赖一个又一个 App，除了微信、支付宝等超级 App 外，还有数以百万计地针对各类细分人群、细分场景的中小 App。导致流量入口更加分散化，搜索引擎的重要程度显著降低。最直接的表现就是，以今日头条、UC 浏览器为代表的资讯信息流平台，根据用户阅读偏好进行个性化的内容推荐，用户有一部分使用搜索引擎的需求就被替代了。

3）恶意点击、异常流量侵蚀广告预算，对广告数据分析造成干扰。广告主面临的恶意点击，不仅来自于自己的竞争对手，还有可能是媒体的竞争对手，甚至可能是媒体自身。因此，广告监测就发挥了重要的价值，无论是广告主的第一方广告监测，还是使用第三方广告监测，均能有效降低因恶意点击、异常流量带来的损失。

4.1.2　SEM 推广渠道的特点

SEM 作为重要的线上营销推广渠道，具有以下几个特点：

一是流量来源依赖关键词。SEM 广告账户本质上是由若干个关键词按照特定的结构，有机组合在一起的"系统"，根据广告主的推广目标、预算多少、推广阶段等不同，广告账户内的关键词数量从几百个到几万个不等，每一个关键词都可能是流量来源。比起应用商店广告账户中 5 ~ 10 类广告位、信息流广告账户里几十上百条创意，SEM 关键词的流量更加分散。在 SEM 广告机制中，每一个关键词都是严格界定清楚的，例如"成人英语学习"和"成人 英语学习"就作为两个不同的词，虽然后者可以通过前者设置较为宽泛的匹配方式覆盖，但要想使优化效果更加可控，最好将其作为两个词分别处理。这就导致了 SEM 关键词具有无限的衍生可能性，一个关键词理论上可以衍生出若干个词，可能是根据用户的真实搜索行为，也可能是媒体提供的拓词工具，至于衍生出来的关键词是否能带来流量，都需要一个一个测试才能知道。所以，SEM 账户里的关键词一直要保持更新和维护的状态，将新的关键词补充进来，将效果不佳的关键词剔除。

二是广告样式丰富，玩法多样。不同于信息流广告主要以图文和视频为主，SEM广告的样式要丰富得多。以百度 SEM 为例，除普通的纯文字样式外，常用的高级样式有十几种，从大类分有子链、图文、列表、App 下载、线索通等。每一类样式都是承载在具体关键词上的，每一个关键词可能同时出现多种广告样式，这给我们做广告数据分析和效果优化造成一定的干扰。

三是面临与竞争对手的直接竞争。媒体的流量是有限的，同一个行业内的广告主自然会有竞争，但在 SEM 广告上这种竞争表现得更加直接。因为 SEM 广告是对每一个关键词进行竞价，SEM 的广告位也是在搜索结果页依次排列的，于是在有限的广告位上我们将面临和竞争对手的直接竞争。因为大家都提供类似的产品或服务，面向相似的目标人群，我们与竞争对手就会购买同样的通用词、人群词；因为有的用户对品牌是有一定认知的，我们会购买自己的品牌词，同时购买竞争对手的品牌词作为竞品词，抢夺多方的流量，而竞争对手也可以做竞品词，抢夺我们的流量。这样的竞争对于我们的优化工作有利有弊。好的方面是，我们可以密切关注竞争对手的广告投放策略、文案卖点、样式展现等，学习借鉴竞争对手的长处，广告后台提供了诸如展现量份额的数据供我们参考；坏处是，激烈的出价竞争拉高了流量成本，为维持投放效果的稳定，我们就需要在广告投放中建设自己的差异化优势。

四是营销着陆页的价值凸显。任何广告都不能脱离用户的使用场景来分析，SEM广告也一样，用户的意图是在搜索引擎查找某个关键词相关的信息，在没有 SEM 广告的情况下，搜索结果页应为自然排名结果，用户对于自己即将点开的网页是有心理预期的，希望能找到自己需要的信息。在有 SEM 广告的情况下，SEM 广告的价值更多的是吸引用户的注意力，真正承载用户转化的还是在营销着陆页上。虽然目前有一些缩短转化路径的高级样式，比如 App 下载、线索通等，但更多的转化还得依赖营销着陆页进行。同时，营销着陆页属于广告主自己的网站，可以通过网站监测工具，获取用户的行为路径、注意力分布等数据，例如我们在第 3 章中介绍的热力图，对营销着陆页的优化调整提供着重要的数据支持。

4.1.3 SEM 广告数据分析痛点

1. 如何找到切入点

如 4.1.2 节所述，一般来说，SEM 广告账户内的关键词数量庞大，但每一个关键词都需要独立做广告效果核算，从前端的展现量、点击量、CTR（点击率）、CPC（平均点击价格）等，到后端的转化量、转化成本等。对 SEM 广告效果的考核往往是基于账户整体的，而我们的优化操作都落到每一个具体的关键词上，这就形成了一个整体和局部的关系。假设账户整体广告效果不理想，那么如何在最短时间里在这么多关键词中找到症结所在，并且有针对性地进行优化，是 SEM 广告数据分析工作的起点。

2. 准确评估关键词的转化效果

关键词的转化效果，远不是用前后端数据结合计算那么简单的。这其中包含了很多影响因素，如果不将其纳入数据分析的考量，则会发现关键词的转化效果是不稳定且不可控的。下面我重点列举了几类：

1）对关键词转化效果影响较大的一个因素是关键词的词性。词性是广告优化人员根据关键词所反映的用户需求进行人为划分的，可以说是一个关键词和另一个关键词最本质的区别。例如表 4-1，搜索"雅思怎么准备"的用户，说明对雅思考试还不甚了解，用户需求是找到对雅思考试系统介绍和备考攻略分享；搜索"雅思培训班"的用户已经对雅思考试有了足够的了解，他们会考虑是否报班学习；搜索"×东方雅思培训"的用户已经对品牌有了一定的认知，很可能处于购买决策的中后期，开始对比不同品牌的产品和价格。如此一来，"雅思怎么准备""雅思培训班""×东方雅思培训"这三个关键词反映的是用户的不同需求，营销推广的目标是不一样的。所以，对于不同词性的关键词，转化效果的考核应做差异化对待。

2）关键词的匹配方式也会影响对其真实转化效果的评估。例如表 4-2 所示，我们购买了一个关键词"北京招聘"，设置了短语-精确匹配，然后在查看搜索词报告的时候发现，诸如"北京招聘信息""北京招聘网"等搜索词通过匹配触发了"北京招聘"的广告，使得"北京招聘"一词的流量构成比较复杂，转化效果难以评估。这里有一个矛盾的地方，发生这种数据混杂的情况，主要是我们设置了短语-精确匹配，如果设置成精确匹配就不会关联到其他衍生词了；但匹配过于精确，新的关键词就难以挖掘，可能会错失一些优质的流量。

表 4-1 雅思考试相关关键词

关键词	词 性	用户需求	推广目标
雅思怎么准备	疑问词	搜索雅思考试介绍、备考攻略等相关信息	以专业的内容培养用户的品牌认知
雅思培训班	产品词	搜索雅思培训班相关信息，考虑是否报班	宣传自身品牌优势，获得用户的信任
×东方雅思培训	品牌词	可能在对比多家品牌的产品和价格	促进成单

表 4-2 北京招聘关键词及相关搜索词

关键词	搜索词	账户添加状态	展现	点击	消费	点击率	平均点击价格
北京招聘	北京招聘	已添加	3826	62	294.6	1.61%	4.79
北京招聘	北京招聘信息	未添加	1743	25	109.3	1.41%	4.46
北京招聘	北京招聘网	未添加	1274	38	216.4	2.99%	5.67
	合计		6843	124	620.2	1.81%	5.00

3）创意对于关键词转化效果评估的影响主要表现在多套创意同时生效，各自的转化效果不同，但都统计在同一个关键词上。在优化实践中，我们不大可能对每一个关键词单独写创意，这样不仅工作量太大，也会有不少重复性的操作，因而一般是对每个推广单元写创意，每个推广单元内的关键词尽可能结构相近、语意相似，再加上通配符等，使其语法通顺。在对创意质量的评估中，往往容易和关键词割裂开来，单独分析创意的转化数据。同时，评估指标较为单一，以 CTR（点击率）为主。举个例子，如表 4-3 所示，在某教育机构的 SEM 广告账户中，某一个推广单元下的关键词均为"国家和地区+留学"，有 A 和 B 两套创意交替展现，数据积累一段时间后，创意 A 的点击率为 1.79%，创意 B 的点击率为 1.60，大部分优化人员会认为创意 A 质量更高，暂停创意 B，只保留创意 A。这样的优化存在很大的逻辑漏洞，完全忽视了关键词和创意的关系，二者需要有机结合才能发挥 SEM 广告本来的价值。单纯考虑优化 CTR，在这个案例中，创意 A 与"中国香港留学""新加坡留学"组合时点击率较高，而剩下的"英国留学""美国留学"应与创意 B 组合。需要强调的是，决定广告效果的应该是转化量、

转化成本等与 ROI 密切相关的指标，而非 CTR（点击率）这么模糊的指标。

表 4-3 创意 A 与 B 的广告效果数据

创意分组	创意	创意点击率	关键词	展现	点击	点击率
A	品牌名{中国香港留学}详细解析：留学条件+留学选择+留学费用+奖学金申请+行前指导；品牌名中介留学，留学品牌机构，不拿客户练手，依据客户实际需求，定制高质方案，多快好省	1.79%	中国香港留学	4413	94	2.13%
A			新加坡留学	3678	84	2.28%
A			英国留学	4786	63	1.32%
A			美国留学	3224	48	1.49%
B	解读{中国香港留学}，留学政策，活动，院校，专业，推出 2019 留学报告预约领取；品牌名规划团队制定申请方案，奖学金计划，快速留学四大捷径，直通{中国香港}名校	1.60%	中国香港留学	4425	52	1.18%
B			新加坡留学	3645	39	1.07%
B			英国留学	4719	95	2.01%
B			美国留学	3308	71	2.15%

4）最后，来说一下广告样式的影响。区别于普通样式，高级样式的展现没有明确的规则，需要符合 SEM 媒体方特定的条件，有时候还需要在出价方面有一定的溢价，反映在数据分析上，就会发现高级样式的数据不那么稳定。对于一个关键词来说，普通样式和高级样式都能带来流量，但后端的转化数据都是混在一起的，对于该关键词真实转化效果的评估造成了一定的干扰。

举个例子，如表 4-4 所示是关键词"芝麻信用提升"的投放数据，统计周期为 3 天，总共有三种广告样式，关键词的展现、点击、广告消费等前端数据是分开的，但激活量、激活成本等后端转化数据是合并在一起的。从数据可以看到，App 下载和闪投图文这两类高级样式的流量不太稳定，普通样式的流量相对稳定一些，后端转化数据呈现一定的波动，却也难以归因分析。

表 4-4 某关键词在多种样式下的广告数据

时间	关键词	样式类型	展现	点击	消费	点击率	平均点击价格	激活量	激活成本
4月11日	芝麻信用提升	普通样式	2496	75	110.3	3.00%	1.47	57	4.72
		App 下载	544	28	56.7	5.15%	2.03		
		闪投图文	486	33	102.2	6.79%	3.10		
		合计	3526	136	269.2	3.86%	1.98		

（续）

时间	关键词	样式类型	展现	点击	消费	点击率	平均点击价格	激活量	激活成本
4月12日	芝麻信用提升	普通样式	2718	76	106.1	2.80%	1.40	45	5.93
		App下载	436	23	63.3	5.28%	2.75		
		闪投图文	577	37	97.6	6.41%	2.64		
		合计	3731	136	267.0	3.65%	1.96		
4月13日	芝麻信用提升	普通样式	2835	78	123.2	2.75%	1.58	49	5.64
		App下载	494	23	63.4	4.66%	2.76		
		闪投图文	443	27	89.6	6.09%	3.32		
		合计	3772	128	276.2	3.39%	2.16		

3. 管理长尾词

长尾词，即长尾关键词，是大家熟知的"长尾理论"在SEM广告领域的延伸。长尾词具有几个明显的特点：

1）在广告账户中的数量庞大。一般来说，长尾词在全部关键词的占比至少在30%以上，而且还有继续挖掘和扩充的空间。

2）流量小，且不稳定。这是从数据上判断一个关键词是否为长尾词的主要方法，长尾词的搜索量比较小，且搜索频率不太稳定。很可能出现一周搜索量不到10，还主要集中在其中某一两天的情况。

3）用户需求较为明确。核心关键词一般字数比较少，比如"英语培训""雅思考试"等，用户在搜索的时候不一定真的想找到这个词的字面意思，可能是想搜索相关的信息，帮助自己进一步缩小搜索范围。但长尾词一般字数比较长，我们对于用户的真实搜索意图判断会更加准确。比如，用户搜索"×东方雅思培训价格"，说明用户很可能已经处于购买决策的后期，开始对比价格。所以，搜索长尾词的用户有相对更明确的需求。

如图4-1所示是某SEM账户内近1500个关键词在统计周期内的日均点击量，由点击量从大到小分布。头部10%的关键词，贡献了80%的流量；剩下的90%的关键词日均点击量不到20，基本算是中长尾的关键词，累计贡献了20%的流量。

对于 SEM 广告优化来说，如何对长尾词进行管理是一个普遍存在的问题。长尾词的数量庞大，分布在各个推广计划和推广单元，虽然每一个词的流量稀少，但聚集在一起后流量就很可观。落实到每一个长尾词的效果优化上，因为长尾词的前端数据不稳定，更不用说后端转化效果了，常规的数据分析方法显得力不从心。我们需要有一套方法对长尾词行之有效地管理，准确评估每个词的真实转化效果，4.3.5 节将会给大家做具体分享和讲解。

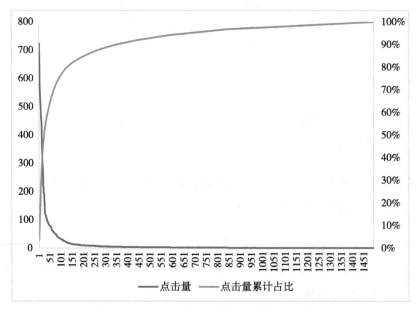

图 4-1　某 SEM 账户全部关键词的流量分布

4. 如何取舍关键词

笔者认为，如何取舍关键词是 SEM 广告优化中最核心的问题。主要包含以下几方面的内容。

一是关键词之间的差别对待。SEM 广告账户内的关键词非常多，我们的时间精力是有限的，不可能面面俱到，我们需要对关键词按照一定的标准做分类和统计，对重点关键词做精细化的优化。

二是效果差的关键词及时止损。SEM 广告账户里普遍存在着这样一类关键词：数量不少，每天的广告消费也不多，转化效果不是太稳定，一不小心没盯住，转化成本就不达标了。对于这种关键词的优化，一直是个难点，犹如"鸡肋"，食之无味，弃之可惜。笔者的建议是对于这类关键词要用统一的标准做转化效果评估，效果差的关键词务必及时止损，将节约的广告预算分配给其他关键词。

三是新的关键词如何测试和评估。如前文所述，SEM 广告账户的关键词库一直需要更新和维护，剔除效果不理想的关键词，补充新的关键词。新的关键词有各种来源，包括但不限于搜索词报告、基于核心词的拓词、新的业务方向、临时性的活动推广等。对于新的关键词，需要尽快做投放测试，准确评估其转化效果，留用效果好的，同时剔除效果不理想的。

综上所述，对于各类关键词都有相应的优化方法和流程，在不断发展迭代中，将逐渐发挥"系统"的优势，提高转化量和转化成本的可控性。

4.2 SEM 广告数据分析关键指标解读

4.2.1 CPC

CPC（Cost Per Click，平均点击价格）指的是在统计周期内，广告主为网民的每次点击访问所支付的广告费用。为了更加准确衡量关键词的广告成本，SEM 广告形态引入了平均点击价格的概念。平均点击价格的计算公式为：平均点击价格 = 广告消费 / 点击次数。

关键词单击价格与出价不同，出价是我们愿意为一次点击支付的最高费用，可以在后台自行设置，而点击价格是为了保证当前广告位置排名所需的最低费用。一般点击成本会低于出价，有时候会低很多。

对于 SEM 广告数据分析，CPC 一直都是重要的参考指标。我们应重点关注：CPC 和出价、广告排名、点击率之间的关系。

根据 SEM 广告竞价排名原理可知，CPC 和出价之间的差距较小，比如 CPC 略低，在 10% 以内，说明后一名广告位与我们的差距较小，同理，若 CPC 和出价之间的差距较大，说明我们的广告竞争力领先后一名较多。广告排名如果相对靠前，关键词提价的空间相对较小；反之，广告排名相对靠后，可以通过提价获取更靠前的位置。在广告排名相对不变的情况下，CPC 与点击率具有一定的负相关关系，如果想放量，但提价空间不大，不妨从优化点击率着手。

现在很多广告优化人员对关键词 CPC 的调控过于简单粗暴，CPC 高了就直接下调出价，有的优化人员可能还会参考一下广告排名，但只有少数人会把 CPC、出价、广告排名、点击率几个数据放在一起进行综合考量。

例如，表 4-5 是某招聘行业广告主的 SEM 广告投放数据，这里选取了 3 个具有代表性的关键词。我们可以看到，目标转化成本均为 50 元。

表 4-5 某招聘类 SEM 广告投放数据

关键词	消费	点击率（%）	出价	平均点击价格	平均排名	转化量	转化成本	目标成本
设计招聘	835.5	0.86	3.70	3.62	1.67	14	59.7	50.0
银行招聘	440.9	2.41	1.35	1.11	2.88	6	73.5	50.0
前端招聘	439.3	2.03	2.80	2.65	1.12	12	36.6	50.0

"设计招聘"一词的转化成本高了约 20%，CPC 为 3.62 元，确实高了一点，CPC 和出价差距非常小，说明排在后一名的竞争对手跟得很紧，从平均排名 1.67 来看，降低出价可能会使排名接近第 2 名。还差一个点击率没有看，对比来看，0.86% 的点击率偏低，所以需要较高的出价来争夺靠前的排名。优化策略应为对创意进行 A/B 测试，提高其点击率，高级样式也可以考虑使用，待点击率提高之后，出价可适当下调 10%～15%，最终达到目标成本。

"银行招聘"一词成本较高，CPC 为 1.11 元，和出价 1.35 元的差距较大，说明领先排后一名的竞争对手较多。但从平均排名来看，大多数情况下是第 3 名，还算不错。点击率已经不低了，优化策略只能从出价着手。优化策略应保持点击率稳定，分多次下调出价，比如一次下调 5%，密切关注 CPC 和平均排名的变化。

"前端招聘"一词成本偏低，优化方向主要是能否放量。CPC 为 2.65，和出价的 2.80

元的差距较小，有提价的空间，点击率 2.03% 算是比较高的。平均排名 1.12，说明流量已经接近饱和了，调价的价值不大。优化策略应为在保证点击率稳定的基础上，提高转化率，包括各类高级样式等。

4.2.2 CTR

CTR（Click-Through-Rate，点击率）是 SEM 广告用户转化漏斗的第一个转化环节，即看到 SEM 广告的用户中有多大比例选择点击广告，体现了关键词广告对用户的吸引程度。

优化 CTR 应注意以下两个方面。

一是 CTR 的高低与最终转化效果没有直接相关关系。因此优化 CTR 的目标并非越高越好。但同时，CTR 的水平不应过低，业内普遍经验是以 1% 作为分界线，低于 1% 的 CTR 说明广告相关性、创意质量确实有待提高，进而对关键词的质量度得分造成影响。

二是 CTR 的评估要综合考量关键词、创意的不同组合，同时要注意高级样式的可能影响。在广告系统后台的标准化数据报表中，关键词报告和创意报告是分开提供的，我们需要将关键词和创意一一对应做 CTR 数据分析，给关键词和创意找到相对最优的搭配组合。普遍来说，高级样式的点击率一般高于普通样式，对于单个关键词来说，高级样式的展现是不稳定的，点击率是独立核算的，在优化关键词 CTR 时应尽可能将其高级样式的影响定量化。

举个例子，如图 4-2 是关键词"聊天软件"的 App 下载样式展现量占比和点击率的趋势，广告样式只有两类：普通样式和 App 下载样式。可以看到，App 下载样式在展现是有较大波动的，展现量占比从 20% ~ 60% 不等，关键词整体的点击率也呈现较为一致的波动，猜测是 App 下载样式的点击率更高，对其整体点击率造成影响。

我们用散点图将数据可视化，如图 4-3 所示，可以看到数据点呈明显的直线排列趋势，说明二者具有一定的相关关系。剔除个别离群样本后，计算相关系数为 0.85，说明二者具有很强的正相关关系。

图 4-2　App 下载样式的展现量占比与点击率的趋势

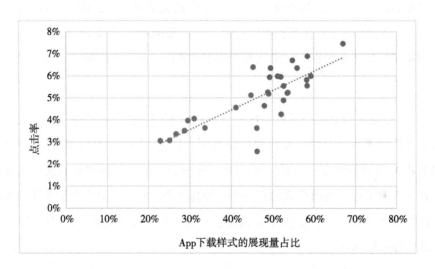

图 4-3　App 下载样式的展现量占比与点击率的散点图

在这种情况下，关键词的实际 CTR 应该如何评估呢？一种比较简单有效的做法是，根据正态分布的原理，以高级样式的展现占比相对接近平均值且稳定的数据作为样本，求关键词的平均点击率。如本案例中，App 下载样式展现量占比在 45%～55% 是接近平均值且稳定的，样本量占到全部的 50%。此时，关键词的点击率为 5.26%，可以认为是该关键词的实际 CTR 水平。

4.2.3 质量度

质量度是 SEM 广告系统对我们的关键词所触发的广告及营销着陆页质量的一个综合评分，分为计算机质量度和移动质量度，分别是针对 PC 端推广和移动端推广而言的。质量度的评分标准为 0 ~ 10 分，得分越高，代表系统认为我们的广告创意及着陆页对用户来说更具有相关性和实用性。根据 SEM 广告竞价排名原理，质量度是除出价之外，另一大影响广告排名的指标。优化质量度的价值在于，当质量度越高时，我们便能以越低的出价获取同样的流量。

决定关键词质量度得分的主要有以下几个方面，相关优化也可以有针对性地进行。

- 预估点击率。主要涉及广告标题和创意的撰写方面。
- 业务相关性。包括关键词与创意的相关性、关键词与着陆页内容的相关性等。
- 着陆页体验。应避免图片的大量堆砌，保证网页内容清晰、充实、易于浏览。

关键词质量度得分是一个需要长期关注的指标，对于 CPC 调控起着重要的参考价值。

例如，表 4-6 是"北京无抵押贷款"一词的移动端投放数据，从表中可以看到，得益于创意、样式优化带动的点击率优化，移动质量度从 4 分逐渐优化到 6 分，平均排名也由第 3 名多到了第 2 名，CPC 下降了近 16%。

表 4-6 关键词"北京抵押贷款"的投放数据

时间	关键词	移动质量度	出价	点击率	平均点击价格	平均排名
1	北京无抵押贷款	4	5.00	1.34%	4.88	3.12
2	北京无抵押贷款	4	5.00	1.56%	4.83	2.88
3	北京无抵押贷款	5	5.00	1.88%	4.78	2.66
4	北京无抵押贷款	5	4.50	1.83%	4.31	2.47
5	北京无抵押贷款	5	4.50	1.79%	4.33	2.52
6	北京无抵押贷款	5	4.50	2.13%	4.24	2.35
7	北京无抵押贷款	6	4.30	2.06%	4.11	2.13

4.2.4 平均排名

根据竞价排名机制,虽然我们账户内某一个关键词的出价和质量度都不变,但受竞争环境变化等因素影响,同一个关键词每一次展现的排名可能是不一样的。为了体现这个关键词的排名情况,广告系统采用了平均排名这一指标。

平均排名的计算公式为:

$$平均排名 = \frac{(排名为1的展现次数 *1 + 排名为2的展现次数 *2 + \cdots + 排名为 n 的展现次数 *n)}{展现次数合计}$$

所以,平均排名指标上反映了一个关键词在不同排名位置上的展现量分布,如前文所述,平均排名对于优化 CPC 有着重要的参考价值。

下面我们以案例的形式介绍如何根据平均排名数据还原一个关键词在不同排名位置上的展现量分布。首先,我们假设:关键词排名只在相邻的两个位置切换,不涉及第三个位置。在关键词投放相对稳定的情况下,这个假设已经能覆盖绝大多数情况,过于例外的不在本书的讨论范围。比如一个关键词的平均排名为 1.74,我们认为它是由排名第一和排名第二两种情况组合构成的,根据二元一次方程,很容易计算出第一名的展现量占比为 26%,剩下 74% 的展现量在第二名。

如图 4-4 是"芝麻信用"一词的平均排名趋势,可以看到从 8 月 21 日起平均排名的数值开始波动上升,即广告排名越来越靠后。

根据计算可得,"芝麻信用"一词的广告排名分布情况如图 4-5 所示。8 月 20 日之前,广告排名大多数情况下在第二名,此后第三名的占比逐渐上升,导致平均排名数值波动上涨。

再来看看关键词的点击率和 CPC 趋势,如图 4-6 所示,除了排名第一时对点击率的提升有较大作用外,排名第二、第三和第四时的点击率差别不明显。CPC 一路走高,主要原因是竞争环境恶化了,我们需要以更高的出价抢夺流量,CPC 上涨了 60%,即便如此广告排名还是有所落后。

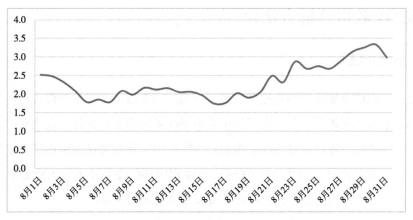

图 4-4 关键词"芝麻信用"的平均排名趋势

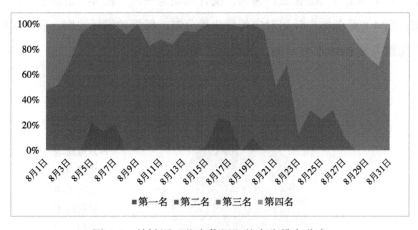

图 4-5 关键词"芝麻信用"的广告排名分布

图 4-6 关键词"芝麻信用"的点击率和 CPC 趋势

4.3 SEM 数据分析方法论

4.3.1 帕累托法则

帕累托法则的重要性值得在这里再强调一遍。马克思主义哲学告诉我们，在诸多矛盾中，要善于抓主要矛盾，在主要矛盾中要善于抓矛盾的主要方面。应用到广告数据分析领域也是一样的，流量不是均衡分布的，少数推广计划和关键词消耗了大量的广告预算，贡献了主要的流量。因此，在 SEM 广告账户中要优先关注消费大或是流量大的推广计划，同一推广计划内优先关注广告消费大或流量大的关键词。

例如，以某 App 的 SEM 账户为例，统计周期为一周，图 4-7 是各推广计划的广告消费分布，图 4-8 是各推广计划对应的转化量分布。根据帕累托法则，我们对优化处理的最高优先级应是通用词 -D 计划，其次是通用词 -B 计划。

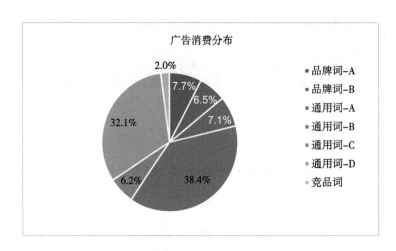

图 4-7 某 SEM 账户各推广计划的广告消费分布

以通用词 -D 计划为例，分析该推广计划下全部关键词的广告消费和流量分布，如表 4-7 所示。我们选取了相同统计周期内广告消费 TOP 5 的关键词的广告消费占比及转化量占比。可以看到，TOP 5 关键词消耗了该推广计划 88% 的广告预算，贡献了 82.4% 的转化量，应作为效果优化的重点关注。

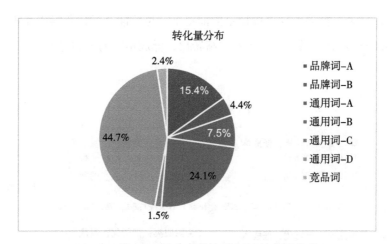

图 4-8　某 SEM 账户各推广计划的转化量分布

表 4-7　通用词 -D 计划下 TOP 5 关键词的广告消费和转化量

推广计划	关键词	广告消费占比（%）	转化量占比（%）
通用词 -D	芝麻信用	59.8	47.6
通用词 -D	芝麻信用分怎么提高	12.6	14.4
通用词 -D	芝麻信用分	8.0	10.5
通用词 -D	芝麻信用积分怎么提高	4.9	6.7
通用词 -D	如何提升芝麻信用	2.4	3.2
	合计	87.7	82.4

4.3.2　四象限分析

在 SEM 广告优化中，我们经常会用四象限模型来分析关键词的效果。

如图 4-9 所示是 SEM 关键词的四象限分析模型，我们以关键词的转化量和转化成本两个指标，将全部关键词划分为四类，对应不同的优化策略，有的放矢进行优化。

这个时候，我们在第 3 章中介绍的散点图将发挥重要的价值。我们以某一 SEM 账户的真实数据为例，为数据展示的可读性，这里只选取了 30 个关键词。如图 4-10 所示，以单个关键词转化数的平均值 10 个、目标转化成本 30 元作为两条分界线，把 30 个关键词划分为四类：第一类是"高转化、高成本"，共计 8 个关键词；第二类是"高转化，低成本"，共计 4 个关键词，这两类关键词是整体广告效果的重点。优化工作的核心就是在保持第二类关键词投放稳定的前提下，尽可能通过优化操作使第一、三、四类关键词逐渐向第二类"靠齐"，向着"高转化，低成本"的方向努力。

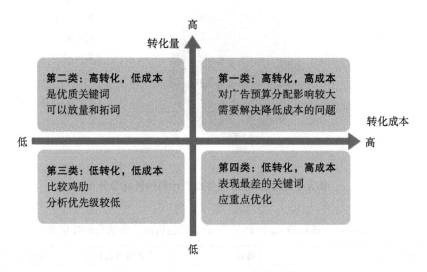

图 4-9　SEM 关键词的四象限分析模型

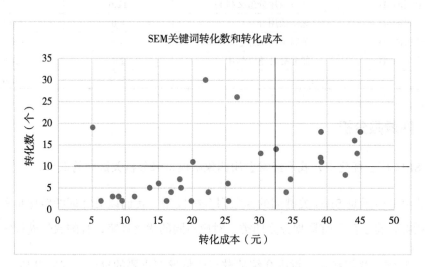

图 4-10　SEM 关键词的四象限分析

除了"转化量"和"转化成本"的二维四象限分析外，"转化量"和"广告消费"的二维四象限分析也是比较常用的，具体看大家的实际分析需求而选择使用。

在使用四象限分析模型的过程中，不少优化人员会陷入一个误区，即片面地用同一个标准来考核所有的关键词，比如单个关键词平均注册成本就是 30 元，无论什么类型的关键词，注册成本超过 30 元就是高了；单个关键词平均注册量为 10 个，不到 10 个就是不达标。操作上简单直接，但会使四象限分析的价值大打折扣。前文我们对词性和关键词转化效果之间的关系做了详细阐述。基于此，笔者认为，四象限分析模型比较科学的使用方法应该是，对于每一类词性的关键词分别做分析，比如品牌词，转化成本的标准就是 20 元，要比全部关键词的平均成本 30 元低一些。这样一来，相当于把 SEM 账户一个复杂的"系统"，拆分为不同词性的"小系统"来做分析，每一个"小系统"内的关键词按照科学的方法进行分类，有针对性地做优化。4.4 节将以案例形式做具体的演示和讲解。

除了二维四象限分析外，还有三维四象限分析，比较常见的是在"转化量"和"转化成本"的二维四象限分析基础上，加入"广告消费"的分析。第 3 章有相应的演示，这里不再赘述。

4.3.3 显著性检验

广告效果是否显著优化，这个问题直接看来会比较主观。有的人会认为转化量上涨了 10% 或转化成本下降了 10%，就可以算作显著优化了；还有的人认为应该关注基数的大小，再讨论增长率。其实对于广告效果是否显著优化，我们有一套科学有效的方法论。还记得我们在第 2 章中介绍的"显著性检验"吗？经过广告优化操作后，同一个广告位（或关键词）带来的流量是否确有增长，可以通过"两个总体均值之差的显著性检验"来实现；转化漏斗中相邻的两个环节之间的转化率，是否确有提高，也可以通过"两个总体比例之差的显著性检验"来完成。

我们还是举例说明，下面是一个做写字楼租赁的广告主，以核心词"朝阳区写字楼"的创意优化为切入点，观察点击率、点击→线索转化率是否有显著提高，统计周期为两周。

如表 4-8 和表 4-9 所示，第一周投放的是创意 A，第二周更换为创意 B 后，点击率由原来的 2.05% 提高到 2.33%，绝对值仅增加 0.28 个百分点。得益于点击率的提高，展现量略有增长，点击量增长了 20%，广告消费增长了 14%，CPC 略有下降。总体来看，创意优化貌似是成功的。但我们还需要通过显著性检验来判断。

表 4-8 某关键词的创意优化测试

时间	关键词	创意编码	创意
第一周	朝阳区写字楼	A	品牌名 – 北京朝阳写字楼出租 信息发布平台，海量写字楼信息每日更新，人工审核真实有效！品牌名，帮您找到交通快捷，设施齐备，高性价比的写字楼！
第二周	朝阳区写字楼	B	朝阳区写字楼，就选品牌名，110 万 + 套真实写字楼，全部实勘，业主直租，交通便利，价格透明！朝阳区写字楼，「品牌名」专业写字楼出租

表 4-9 某关键词的创意优化前后的投放数据

时间	关键词	展现	点击	点击率（%）	消费	CPC	线索数	点击→线索转化率（%）
第一周	朝阳区写字楼	15 718	323	2.05	1967.4	6.09	28	8.7
第二周	朝阳区写字楼	16 628	388	2.33	2248.7	5.80	45	11.6
增长率		5.8%	20.1%	13.5	14.3%	−4.8%	60.7%	33.8

在 2.5.2 节，我们介绍了一个在线的小工具，可以非常简单地计算出两个总体比例的显著性差异。计算结果如图 4-11 所示，可以看到 p 值为 0.044，小于 0.05，说明第二周的点击率确实显著提高了，即创意优化是成功的，创意 B 比 A 更适合该关键词的投放。

还有一个点击→线索的转化率数据，第二周为 11.6%，比第一周提高了 33.8%，同样用显著性检验工具计算，p 值为 0.097，大于 0.05，说明在目前的样本量，置信度为 95% 的情况下，第二周的点击→线索转化率没有得到显著提高。

还有一个例子是关于转化量是否显著提高的。如表 4-10 所示是"好玩的短视频"一词的转化数据，统计周期为 4 周，后两周因为优化了广告创意，注册量有一定的增长，日均注册量从 35.7 提高到 38.3，增长率为 7.2%。注册量是否显著增长了，仍需要做显著性检验。我们用单因素方差分析做显著性检验，如表 4-11 所示，P 值显示这两组数据是显著不同的，即优化后的注册量是显著增长的。

第 4 章　SEM 广告数据分析　　93

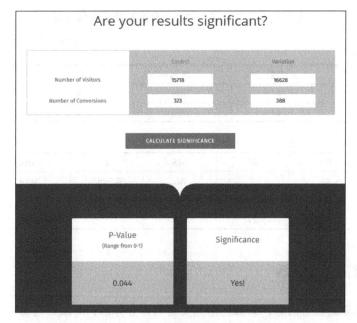

图 4-11　点击率的显著性检验计算结果

表 4-10　某关键词在创意优化前后的注册量数据

日期	优化前注册量	优化后注册量
1	39	40
2	35	42
3	32	34
4	34	39
5	40	34
6	32	41
7	40	40
8	34	38
9	40	43
10	30	36
11	32	36
12	39	39
13	39	36
14	34	38

表 4-11　某关键词在创意优化前后的注册量数据

（方差分析：单因素方差分析）

SUMMARY

组	观测数	求和	平均	方差
优化前注册量	14	500	36	13
优化后注册量	14	536	38	8

方差分析

差异源	SS	df	MS	F	P-value	F crit
组间	46	1	46	4.3967	0.0459	4.2252
组内	274	26	11			
总计	320	27				

4.3.4　关键词评分体系

本节是本章的核心内容，即如何搭建关键词评分体系，对账户内每一个关键词进行评分，以此作为分配广告预算、考核广告效果的依据。

下面我们用某社交 App 的 SEM 投放数据为例，分步骤来讲解。

1. 选取指标

涉及评分体系，就要考虑选取什么样的指标。我们的分析目的很明确，就是要对关键词的转化效果做一个综合的评估，自然是以转化量和转化成本两大指标作为搭建评分体系的基础。

4.3.2 节中，我们探讨了四象限分析模型应根据不同词性来做调整，选取不同的标准线，将关键词做四象限分类。在关键词评分体系中将沿用这一思路，每一个关键词的评分都是基于所属词性的平均水平，简单来说，超出平均水平的得分较高，低于平均水平则得分较低。

2. 构建评分体系

在最核心的两大转化指标基础上，我们采用 10 分制，转化量、转化成本的满分均为 5 分。如表 4-12 所示，对某个关键词的转化量进行评分时，平均值是该关键词所属词性的单个关键词平均转化量，当这个关键词的转化量在平均值 ±10% 范围内时记为 3 分，高出平均值 10% ~ 30% 时记为 4 分。转化成本正好反过来，转化成本在平均值 ±10% 范围内时记为 3 分，低于平均值 10% ~ 30% 时记为 4 分。这里 10% 和 30% 的标准是我根据经验给出的建议，大家可以结合自己账户的实际情况，另行选择。有一点需要注意，无论是转化量还是转化成本的分值分布，都是应该接近正态分布的，即 3 分的最多，其次是 2 分和 4 分，1 分和 5 分的最少。

表 4-12 关键词转化指标 5 分制的说明

分值	单个关键词的转化量	单个关键词的转化成本
1 分	低于平均值 30% 以上	高于平均值 30% 以上
2 分	低于平均值 10% ~ 30%	高于平均值 10% ~ 30%
3 分	平均值 ±10%	平均值 ±10%
4 分	高于平均值 10% ~ 30%	低于平均值 10% ~ 30%
5 分	高于平均值 30% 以上	低于平均值 30% 以上

3. 计算转化指标的评分标准

如表 4-13 所示，统计周期为一周，日均消费为 5000 元。我们把统计周期内有过转化的关键词按不同词性进行分类，计算其广告消费、转化量和转化成本。目标平均注册成本为 30 元，账户总体看是达标的。

我们用气泡图对数据进行可视化，方便进一步观察和分析。如图 4-12 所示，横坐标是注册量，纵坐标是平均注册成本，气泡大小是广告消费。再结合表 4-13，可以看到招聘、职场、社交几大通用词占据了主要的预算，也贡献了可观的注册量。职场、社交两类通用词的平均注册成本低于目标成本 30 元，招聘类通用词因为面临较为激烈的竞争环境，成本略高。

表 4-13 不同词性的推广计划的投放数据

推广计划	广告消费	注册量	平均注册成本
竞品词	853	10	85.3
品牌词	1758	117	15.0

（续）

推广计划	广告消费	注册量	平均注册成本
通用词 - 人脉	3089	72	42.9
通用词 - 社交	10 805	376	28.7
通用词 - 招聘	8356	214	39.0
通用词 - 职场	8312	313	26.6
长尾词	1647	69	23.9
合计	34 820	1171	29.7

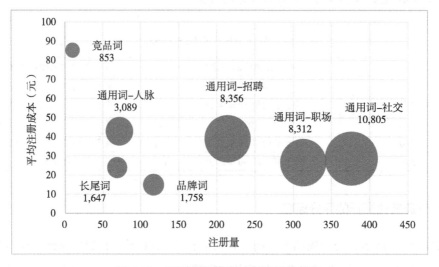

图 4-12　不同词性推广计划的投放数据

如表 4-14 所示，根据各类词性下有转化的关键词数量，计算单个关键词的转化量平均值和转化成本平均值。

表 4-14　单个关键词的平均注册量和注册成本

推广计划	有转化的关键词数量	单个关键词平均注册量	单个关键词平均注册成本
竞品词	3	3.33	85.3
品牌词	20	5.85	15.0
通用词 - 人脉	21	3.43	42.9
通用词 - 社交	54	6.96	28.7
通用词 - 招聘	37	5.78	39.0
通用词 - 职场	75	4.17	26.6
长尾词	53	1.30	23.9

4. 关键词转化效果的准确评估

在 4.1.3 节中，我们对几大影响关键词实际转化效果的因素做了逐一讲解，词性在第一步已经考虑了，同时考虑的还有匹配方式、创意和广告样式。

匹配方式对关键词实际转化效果的干扰主要表现在搜索词上。为方便讲解，我们以"聊天软件"一词为例，如表 4-15 所示。只看关键词报告和转化数据，就会发现"聊天软件"的转化效果还不错，在统计周期内，转化量为 23，平均转化成本 30.3 元。看了搜索词报告，就会发现，有接近 1/3 的广告消费是"聊天软件 App""聊天软件哪个最火"两个词消耗的，这两个词也贡献了近四成的点击量。但因为没有作为独立的关键词投放，转化效果是混在一起的，无法拆分。我的建议是，对于这种因为匹配方式较宽泛而带来的、未添加的搜索词流量，一旦广告消费或点击量占比超过 10% 就需要考虑拆分为独立关键词，超过 20% 就一定要进行拆分了。继续看表 4-15 的最后两列，我们将三个关键词拆分后，发现其中超四成的转化是另外两个词贡献的，它们的转化成本也较低，这就为账户增加了两个比较优质的关键词，也对"聊天软件"一词的实际转化效果做了更准确的评估。

表 4-15 "聊天软件"关键词及相关搜索词

关键词	搜索词	账户添加状态	展现	点击	消费	转化	转化成本
聊天软件	聊天软件	已添加	6953	187	447.2	13	34.40
聊天软件	聊天软件 App	未添加	1164	41	86.3	4	21.58
聊天软件	聊天软件哪个最火	未添加	2342	74	163.6	6	27.27
	合计		10 459	302	697.1	23	30.31

对于广告创意，要重点关注是否出现多套创意轮替的情况。如果有多套创意同时投放，建议在统计周期内留用其中较优质的一套，一般主要看点击率的高低，其他创意暂时停投。

而对于广告样式，主要考虑是否有高级样式的展现，建议参照 4.2.2 节介绍的，以高级样式的展现占比相对接近平均值且稳定的数据作为样本，求关键词的平均转化效果。

5. 对照评分标准，给有转化的关键词打分

我们以通用词－社交类的 5 个关键词为例进行评分。如表 4-16 所示，可以看到，"聊天软件"一词的注册量为 17，远超通用词－社交类平均水平 6.96，所以转化量评分为 5，但因为成本比较高，转化成本得分仅为 2，合计总分为 7。

表 4-16　通用词－社交类 5 个关键词的转化数据评分

关键词	注册量	注册成本	转化量评分	转化成本评分	总分
聊天软件	17	36.42	5	2	7
聊天工具	8	36.92	4	2	6
附近人聊天软件	7	37.79	3	1	4
附近人软件	5	22.74	2	4	6
好玩的聊天软件	3	28.86	1	3	4

6. 根据评分对关键词进行分类优化

对于总分在 9 分及以上的关键词，可以先不用管，密切关注数据不出现大的波动就好。

对于总分在 7～8 分的关键词，重点看是否有转化量和转化成本分布不均衡的，优化工作应优先考虑打分较低的指标。比如，表 4-16 中的"聊天软件"一词，转化量很高，转化成本也比较高，应以转化成本为优化的重点。

对于总分在 6 分的关键词，原则上是保留的，不过有一种分布情况根据推广需求自行斟酌。比如，转化量 5 分 + 转化成本 1 分，即转化成本高出平均成本 30% 以上，但转化量也较高。

对于总分在 5 分的关键词，需要想办法优化，怎么能提升到 6 分。有一类的分布情况的优化优先级可以低一点，比如，转化量 1 分 + 转化成本 4 分，即转化成本低于平均成本 30% 以上，但转化量比较少。

对于总分在 4 以下，及超过一个月还是停留在 5 分的关键词，可以毫不留情地停投。最好单独建立一个推广计划，把这些废弃的词转进去。

7. 需要注意的几个问题

第一个问题，在计算一类词性的平均转化水平时，要注意数据的分布，如果总共只有 20 个关键词，其中一个大流量的词，占了转化量的 30%，这种离群值就应该剔除，不在纳入统计范围。或者，有几个关键词的转化成本特别低的，也属于离群值。

第二个问题，转化量和转化成本两个指标仅适用于在统计周期内有过转化的关键词，根据经验来看，还有不少没有发生过转化的，这些关键词的效果应该怎么评估呢？其实，我们可以通过转化率的指标来加以分析。根据关键词所属词性的平均转化率水平，计算出该关键词的点击量测试额度，如果统计周期内该关键词的点击量已经达到该额度，但仍没有发生转化，说明这个词已经可以放弃了。哪怕继续保留和投放，后续发生了转化，但从转化率来看，已经不达标，优化难度也是极大的。

举例说明，如表 4-17 所示，这是通用词 – 人脉推广计划下的 3 个关键词的投放数据，在统计周期内没有发生过转化，我们想知道这些关键词应该测试到什么程度才能确定其转化效果。根据案例的数据，统计周期内，通用词 – 人脉推广计划所有有转化的关键词共 21 个，转化量为 72，点击量为 585，转化率为 8.72%。根据第 2 章 "2.4.3 总体比例的置信区间"介绍的内容，这类关键词的转化率 95% 的置信区间应为（8.72% – 1.93%，8.72% + 1.93%），即 6.79%~10.65%。

表 4-17 通用词 – 人脉类 3 个关键词的前投放数据

关键词	展现	点击	点击率	消费	CPC
如何扩大人脉	1623	45	2.8%	92.4	2.05
如何积累人脉	1843	23	1.2%	63.7	2.77
如何结交高端人脉	521	17	3.3%	41.3	2.43

我们取最小值 6.79%，换算为点击量额度。很多没有接受过统计学训练的朋友可能会用一种比较简单直接的算法，即转化率的倒数，计算结果向上取整为 15，即如果点击率达到 15 次就应该有一次转化，没有的话，说明这个词有问题。这种算法有很大的问题，没有考虑到数据本身的随机波动性。正确的算法应该是将每一次点击都视为独立地随机试验，点击次数设为 n，计算当第 n 次点击时，转化量依旧为 0 的概率，也就

是从第 1 次到第 n 次，都每一次都没有发生转化；随着 n 的增加，这个概率会越来越小，当小到一定程度，可认为是小概率事件，即不可能发生，此时的 n 值就是点击量的额度。

计算公式为，第 n 次点击时，转化量依旧为 0 的概率 = $(1 - 转化率)^n$

如表 4-18 是点击次数与转化量为 0 概率的对照表，可以看到，很多朋友认为的应发生转化的第 15 次点击，转化量为 0 的概率高达 35%。一般来说，我们认为概率小于 5% 就可以算是小概率事件，如表中 43 次。如果广告预算充沛，想计算得更精确，可以把小于 1% 才算作小概率事件。现在，我们来看看表 4-17 中的三个关键词。"如何扩大人脉"这个词，点击量为 45，达到我们预设的 43 次，还没有发生转化，建议可以放弃了；"如何几类人脉"这个词，点击量还不够，但同时点击率偏低，建议对创意先做一定的优化，积累数据后再计算；第三个词的点击率没问题，点击量还不够，建议积累一段时间的数据后再分析。

表 4-18　点击次数与转化量为 0 概率的对照表

点击次数	转化量为 0 的概率（%）
0	100.0
1	93.2
2	86.9
……	……
15	34.8
……	……
32	10.5
33	9.82
……	……
42	5.22
43	4.86
……	……
64	1.11
65	1.04
66	0.96

4.4 案例：某招聘网站的百度 SEM 广告优化

4.4.1 项目背景

这是我曾服务过的一个广告主，推广的是一个提供招聘求职服务的网站，主要竞品有拉勾网、智联招聘等。日均广告预算为 5000 元，主要考核目标是注册量和注册成本，平均注册成本不高于 100 元。

广告主原本是在 PC 端和移动端同时做推广，SEM 广告账户中就分为不同的推广计划。如表 4-19 所示，主要包括品牌词、竞品词、通用词和产品词四大类，P 开头的推广计划是对 PC 端进行投放的，M 开头的推广计划是对移动端进行投放的，除了针对的终端不一样，推广计划、单元和关键词的设计几乎是一样的。投放一段时间后，广告主发现移动端的注册成本居高不下，当我接手开始服务的时候，M 开头的推广计划已经停投了，全部预算分配到 PC 端的推广计划，这也是我们的优化对象。

表 4-19 某招聘网站的百度 SEM 账户的推广计划

词　性	PC 端推广	移动端推广
品牌词	P- 品牌词	M- 品牌词
竞品词	P- 竞品词	M- 竞品词
通用词	P- 猎头	M- 猎头
通用词	P- 招聘	M- 招聘
通用词	P- 招聘 – 专业	M- 招聘 – 专业
通用词	P- 招聘 – 信息	M- 招聘 – 信息
通用词	P- 招聘 – 网址	M- 招聘 – 网址
通用词	P- 招聘 – 推荐	M- 招聘 – 推荐
通用词	P- 招聘 – 免费	M- 招聘 – 免费
通用词	P- 招聘 – 地域	M- 招聘 – 地域
产品词	P- 通讯 – 职位	M- 通讯 – 职位
产品词	P- 通讯 – 名企	M- 通讯 – 名企
产品词	P- 金融 – 职位	M- 金融 – 职位
产品词	P- 金融 – 名企	M- 金融 – 名企
产品词	P- 互联网 – 职位	M- 互联网 – 职位
产品词	P- 互联网 – 名企	M- 互联网 – 名企
产品词	P- 互联网	M- 互联网

（续）

词 性	PC 端推广	移动端推广
产品词	P-房地产-职位	M-房地产-职位
产品词	P-房地产-名企	M-房地产-名企

先来看看账户的基本面数据，如表 4-20 所示是统计周期为一周的各推广计划的投放数据。日均广告消费 4983 元，已达到目标，且平均注册成本为 159.3 元，高出目标成本近 60%。

表 4-20 本案例 SEM 账户各推广计划的投放数据

推广计划	展现	点击	点击率（%）	消费	平均点击价格	注册用户数
P-品牌词	2387	97	4.1	133.4	1.38	5
P-竞品词	96 602	259	0.3	1081.9	4.18	5
P-猎头	99 438	560	0.6	2210.1	3.95	20
P-招聘	754 640	4227	0.6	15 091.4	3.57	102
P-招聘-专业	37	6	16.2	8.5	1.41	0
P-招聘-信息	25 395	315	1.2	1216.9	3.86	4
P-招聘-网址	370	18	4.9	59.7	3.32	0
P-招聘-推荐	523	27	5.2	141.4	5.24	0
P-招聘-免费	121	0	0.0	0.0	—	0
P-招聘-地域	15 863	294	1.9	868.5	2.95	5
P-通讯-职位	296	23	7.8	87.2	3.79	2
P-通讯-名企	1481	86	5.8	223.2	2.60	0
P-金融-职位	24 630	301	1.2	1150.9	3.82	2
P-金融-名企	1541	84	5.5	235.3	2.80	3
P-互联网-职位	169 870	2752	1.6	10 820.1	3.93	62
P-互联网-名企	4251	27	0.6	78.7	2.91	0
P-互联网	50 015	257	0.5	981.1	3.82	8
P-房地产-职位	2527	107	4.2	195.5	1.83	0
P-房地产-名企	1889	139	7.4	298.3	2.15	1
合计	1 251 876	9579	0.8	34 882	3.64	219

推广计划数量较多，不利于我们做进一步的分析，下面根据词性将各推广计划做归类和统计。如表 4-21 是按照词性汇总的数据，可以看到流量的分布非常不均衡，95%以上的注册用户数都是由产品词和通用词带来的，两类词的注册成本均高出目标成本，

导致账户整体注册成本偏高。

表 4-21 本案例 SEM 账户各词性的投放数据

行标签	展现	点击	点击率（%）	消费	平均点击价格	注册用户数	平均注册成本
品牌词	2387	97	4.1	133.4	1.38	5	26.7
竞品词	96 602	259	0.3	1081.9	4.18	5	216.4
通用词	896 387	5447	0.6	19 596.5	3.60	131	149.6
产品词	256 500	3776	1.5	14 070.2	3.73	78	180.4
总计	1 251 876	9579	0.8	34 882	3.64	219	159.3

接下来我们借助第 3 章介绍的一些数据图表，让账户的流量分布有一个更形象直观地呈现。如图 4-13 是所有有消费的关键词的消费分布。有两个洞察，一是正常投放的关键词合计有 1007 个，但统计周期内只有 60% 左右的关键词有消费，剩下的 400 多个关键词没有贡献流量，具体原因有待进一步分析；二是关键词的消费分布极其不均衡，头部的 21 个关键词，占到全部有消费关键词的 3.5%，占到全部广告消费的 54%，应为重点分析对象。

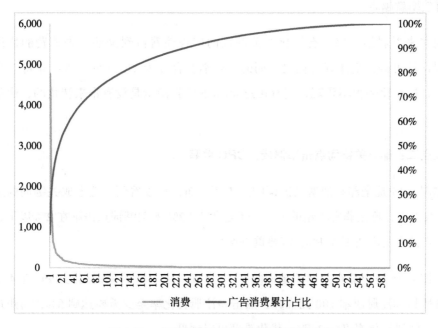

图 4-13 本案例 SEM 账户关键词消费分布

4.4.2 优化难点

根据目前账户数据的情况,在没有具有强说服力的数据分析支持前,营销着陆页是不能修改的。结合广告主提出的两点考核要求,我将广告优化的难点梳理了出来,便于有针对性地解决。

难点一:关键词有效率较低

关键词的有效率主要包括两层内核。第一层是账户内的有消费的关键词占到全部关键词的比例;第二层是有转化的关键词的广告消费占到全部广告消费的比例。

有消费关键词占比较低,前面已经有数据展现了,这也是很多 SEM 账户普遍存在的问题。出现这种情况的原因是多方面的,一是有的关键词本来就是小流量,用户搜索量就比较少,尽管出价不低,但在相对短的统计周期内,很可能出现只有展现没有点击的情况;二是关键词的竞争激烈,出于对 CPC 的成本调控,出价相对较低,排名也不够靠前,导致用户并没有注意到我们的广告。总的来说,统计周期拉得越长,账户内关键词有效率就越高。

现在来看看第二层,有转化的关键词的广告消费占到全部广告消费的比例。根据数据计算可得,全部有转化关键词的广告消费合计为 21233 元,占到全部广告消费的 61%,这个比例很不乐观,还有接近 40% 的广告消费是没有带来转化的,优化空间很大。

难点二:部分关键词点击率偏低,CPC 偏高

如图 4-14 是全部有消费关键词的点击率分布,可以看到,近七成关键词的点击率在 3% 及以上,算是非常不错的水平,不过仍有 22% 的关键词点击率在 2% 以下,尤其是有一半的点击率还不到 1%,需要重点优化。

如图 4-15 是全部有消费关键词的 CPC 分布,有 44% 的关键词的 CPC 在 4 元及以上,按照目标注册成本 100 元推算,点击→注册转化率至少需要达到 5%,而账户整体的点击→注册转化率仅为 2.3%,优化难度可以预见。

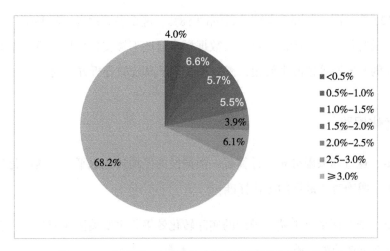

图 4-14　本案例 SEM 账户有消费关键词点击率分布

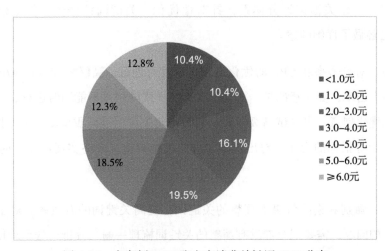

图 4-15　本案例 SEM 账户有消费关键词 CPC 分布

难点三：转化成本高出目标成本较多，亟待优化

由前文表 4-21 可知，贡献了绝大多数转化量的产品词和通用词，转化成本分别高出目标成本 80% 和 50%。

难点四：甄别和剔除转化效果不理想的关键词

难点一已经提到，有四成的广告消费是没有带来转化的，根据统计，这部分关键词数量达到 521 个，占到全部有消费关键词的 88%。这么多关键词，哪些是转化效果确实很差，需要及时从账户剔除的？哪些是数据样本量还不够支持数据分析，需要多一点时间积累数据的？要回答这两个问题，需要一套科学高效的分析方法论。

4.4.3　优化思路

第一步，通过四象限分析，计算每一类词性的平均转化水平，包括转化量、转化成本及转化率，明确对关键词的考核标准。

第二步，准确评估有消费关键词的实际转化效果。主要关注匹配方式、创意及高级样式对转化数据造成的影响。

第三步，搭建关键词评分体系，针对性优化。关键词评分体系的搭建流程，在 4.3.4 节中已经做了详细阐述。

第四步，对点击率和 CPC 的优化调控。通过对创意、高级样式进行 A/B 测试，提高关键词的点击率；要注意的是，对创意和高级样式的测试不能同时进行，否则难以归因，建议先优化创意，再测试高级样式。同时密切关注关键词质量度、平均排名、CPC 与出价的差距等指标的变化，对出价做相应的优化调整，最终实现对关键词 CPC 的有效调控。

第五步，甄别和剔除效果不理想的关键词，提高关键词的有效率。对于有消费关键词占比低的问题，需要把全部没有消费的关键词梳理一遍，分析广告平均排名和展现量，如果排名靠后，可以适当提价，如果本来展现量就小，可以适当放宽匹配，或者积累一段时间的数据再看。对于有转化关键词的广告消费占比偏低的问题，需要把全部有消费但没有转化的关键词梳理一遍，根据 4.3.4 节中介绍的预估点击量额度来判断关键词的转化可能性。

第六步，定期更新关键词评分体系，分批测试新的关键词，在动态过程中实现转化量和转化成本的优化调控。

4.4.4 优化执行

第一步:

区别于表 4-21 所示各词性全部关键词的转化数据,图 4-16 是各词性有转化关键词的转化数据,横坐标是注册量,纵坐标是平均注册成本,气泡大小是广告消费。产品词和通用词消耗了 95% 以上的广告预算,也贡献了绝大多数的注册量。通用词的注册成本略高于目标成本,产品词的成本是达标的,且有一定的放量空间。

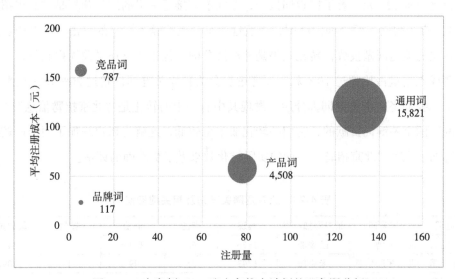

图 4-16 本案例 SEM 账户各推广计划的四象限分析

接下来细分到每一类词性单个关键词的平均转化水平,表 4-22 所示。

表 4-22 本案例 SEM 账户各词性的平均转化水平

词性	有转化关键词数量	点击	消费	注册用户数	单个关键词平均注册量	单个关键词平均注册成本
品牌词	3	91	117	5	1.67	23.3
竞品词	4	178	787	5	1.25	157.4
通用词	25	4362	15 821	131	5.24	120.8
产品词	42	1122	4508	78	1.86	57.8

第二步：

对关键词的实际转化效果的评估，本章多次讨论到。主要应关注匹配方式、创意和高级样式三方面。

匹配方式对关键词实际转化效果的干扰影响最大，值得再次举例说明，主要表现在搜索词上。为方便讲解，如表 4-23 所示是前文表 4-2 案例的延续，如果只看关键词报告和转化数据，就会发现"北京招聘"的转化效果还不错，在统计周期内，转化量为 5，平均转化成本 124 元。看了搜索词报告，才知道有接近一半的广告预算是"北京招聘信息""北京招聘网"两个词消耗的，当然这两个词也贡献了一半的点击量。但毕竟没有作为独立的关键词做投放，转化效果是无法拆分的。优化建议还是前面提到的，一旦广告消费或点击量占比超过 10% 就需要考虑拆分为独立关键词，超过 20% 就一定要进行拆分了。我们将三个关键词拆分后，发现其中有一半的转化是"北京招聘信息""北京招聘网"两个关键词贡献的，它们的转化成本也较低，这就为账户增加了两个比较优质的关键词，也对"北京招聘"一词的实际转化效果做了更准确的评估。

表 4-23 北京招聘关键词及相关搜索词

关键词	搜索词	账户添加状态	展现	点击	消费	转化	转化成本
北京招聘	北京招聘	已添加	3826	62	294.6	2	147.3
北京招聘	北京招聘信息	未添加	1743	25	109.3	1	109.3
北京招聘	北京招聘网	未添加	1274	38	216.4	2	108.2
合计			6843	124	620.2	5	124.0

对于广告创意，建议在统计周期内只投放点击率较高的那套，等关键词评分计算完成后，如果需要进行创意优化再考虑多创意的轮替测试。

而对于广告样式，建议选取高级样式的展现占比相对接近平均值且稳定的数据作为样本，评估关键词的平均转化效果。没有印象的朋友建议回顾图 4-2 的案例部分。

第三步：

评分体系的搭建过程不再赘述，这里直接展示计算结果，如表 4-24 和表 4-25 所示。如果沿用 4.3.4 节的评分标准是 10% 和 30%，在本案例中不太适用。主要原因是单个关键词注册数量的数值偏小，不同表现的关键词难以有所区别，需要做一些优化调整，所以这里的评分标准是 20% 和 50%。

表 4-24 单个关键词转化量的评分标准

分值	单个关键词的转化量	品牌词	竞品词	通用词	产品词
1 分	低于平均值 50% 以上	<0.8	<0.6	<2.6	<0.9
2 分	低于平均值 20%-50%	0.8 ~ 1.3	0.6 ~ 1.0	2.6 ~ 4.2	0.9 ~ 1.5
3 分	平均值 ±20%	1.3 ~ 2.0	1.0 ~ 1.5	4.2 ~ 6.3	1.5 ~ 2.2
4 分	高于平均值 20%-50%	2.0 ~ 2.5	1.5 ~ 1.9	6.3 ~ 7.9	2.2 ~ 2.8
5 分	高于平均值 50% 以上	≥ 2.5	≥ 1.9	≥ 7.9	≥ 2.8

表 4-25 单个关键词转化成本的评分标准

分值	单个关键词的转化成本	品牌词	竞品词	通用词	产品词
1 分	高于平均值 50% 以上	≥ 30.3	≥ 204.6	≥ 157.0	≥ 75.1
2 分	高于平均值 20%-50%	25.6 ~ 30.3	173.1 ~ 204.6	132.8 ~ 157.0	63.6 ~ 75.1
3 分	平均值 ±20%	21.0 ~ 25.6	141.6 ~ 173.1	108.7 ~ 132.8	52.0 ~ 63.6
4 分	低于平均值 20%-50%	16.3 ~ 21.0	110.1 ~ 141.6	84.5 ~ 108.7	40.5 ~ 52.0
5 分	低于平均值 50% 以上	<16.3	<110.1	<84.5	<40.5

这里选取了 10 个有代表性的关键词为例，覆盖各类词性，进行关键词评分。介于不方便透露广告主的名称，在这里涉及品牌词的部分将用 {品牌名} 代替。如表 4-26 所示，可以看到大部分关键词的评分在 6 或 7 分；唯一的 9 分关键词是"招聘网"，从数据上看确实是很优质的；5 分的两个关键词则需要优化。接着可以根据 4.3.4 节中介绍过的思路，对不同评分的关键词进行分类优化。

表 4-26 部分关键词的综合评分

词性	关键词	注册量	注册成本	转化量评分	转化成本评分	总分
品牌词	{品牌名}网	2	25.6	4	3	7
品牌词	{品牌名}网怎么样	1	21.4	2	3	5
竞品词	拉勾网	2	237.2	5	1	6
竞品词	猎聘网	1	113.3	3	4	7
通用词	招聘网	12	103.5	5	4	9
通用词	英才招聘	6	56.8	3	5	8
通用词	猎头	4	40.9	2	5	7

(续)

词性	关键词	注册量	注册成本	转化量评分	转化成本评分	总分
产品词	前端招聘	6	75.9	5	1	6
产品词	大数据开发工程师	2	67.4	3	2	5
产品词	Java 招聘	1	48.5	2	4	6

第四步：

以第三步中的 10 个关键词为例，如表 4-27 对评分偏低的关键词从点击率和 CPC 两方面进行优化思路的梳理。

表 4-27　部分关键词的综合评分

词性	关键词	展现	点击	点击率（%）	消费	CPC	平均排名	综合评分
通用词	招聘网	9735	228	2.34	1241.4	5.44	1.65	9
通用词	英才招聘	1258	121	9.62	341.0	2.82	1.03	8
通用词	猎头	18 120	44	0.24	163.5	3.72	2.71	7
品牌词	{品牌名}网	1869	49	2.62	51.2	1.04	1.50	7
竞品词	猎聘网	4133	30	0.73	113.3	3.78	1.86	7
产品词	前端招聘	2402	112	4.66	455.2	4.06	1.37	6
竞品词	拉勾网	29 705	93	0.31	474.4	5.10	1.74	6
产品词	Java 招聘	266	9	3.38	48.5	5.38	1.35	6
产品词	大数据开发工程师	308	21	6.82	134.8	6.42	2.44	5
品牌词	{品牌名}怎么样	84	9	10.71	21.4	2.38	1.07	5

9 分和 8 分的关键词基本不用管，只需要定期关注数据是否波动就可以。

7 分关键词"猎头"的优化：转化量得分较低，根据通用词的平均点击率可知，该词点击率明显偏低，平均排名为 2.71，也比较靠后，但从 CPC 来看，提价的空间不大。所以，应主要从创意优化着手，适当提高一定的出价，将平均排名提升到 2.0 左右，观察转化量是否有显著提升，并且转化成本是相对稳定的，实现转化量得分的提升，从而将关键词的评分从 7 分优化到 8 分。

7 分关键词"{品牌名}网"的优化：转化量得分为 3，相对更有优化空间，点击率还不错，平均排名也算靠前，通过提升 CTR 或者下调出价来优化 CPC 的难度较大。所以建议继续观察数据的情况，优化的优先级可以低一点。

7分关键词"猎聘网"的优化：转化成本得分为3，相对更有优化空间，点击率不算太低，平均排名也算靠前，通过提升CTR或者下调出价来优化CPC的难度较大。所以建议先不做优化，继续观察数据的情况。

6分关键词"前端招聘"的优化：转化成本得分为1，且接近2分的临界点；点击率挺高的，CPC与产品词平均值持平，平均排名比较靠前，可以考虑适当降低出价来降低CPC，在保持转化量稳定前提下降低转化成本，从而使转化成本优化到2分。

6分关键词"拉勾网"的优化：转化成本得分较低，根据竞品词的平均点击率可知，点击率明显偏低，平均排名为1.74，不算靠后，但从CPC来看，提价的空间不大。所以，应根据用户转化漏斗做分析，从创意优化着手，观察点击率和转化率是否有显著提升的可能。

最后三个关键词有一个共同的特征，样本数据量偏小，从展现、点击、消费、转化量等多方面都比较少，不足以支撑数据分析和效果优化。建议待数据再积累一段时间，重新做关键词评分，再考虑优化策略。

第五步：

对全部无转化关键词进行梳理，如表4-28所示。对于无消费的412个关键词，需要综合考虑展现量和平均排名。如果展现量足够多且排名也不差，但用户对广告没有兴趣，一直没有点击，这时应该从创意着手优化；如果平均排名靠后或展现量太小，应该等数据积累一段时间再看。对于有消费的521个关键词，需要根据4.3.4节里介绍的不同词性的预估点击量额度，如图4-17所示，达到额度但没有转化的关键词应果断放弃，从账户中暂停投放；未达到额度的可以再积累一段时间的数据。

表4-28 各类关键词的预估发生转化的点击量额度

词性	点击	注册用户数	转化率（%）	预估点击量额度	不转化的概率
品牌词	91	5	5.5	56	0.048
竞品词	178	5	2.8	108	0.049
通用词	4362	131	3.0	99	0.049
产品词	1122	78	7.0	42	0.049

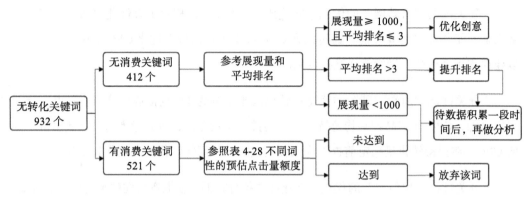

图 4-17 无转化关键词的优化思路

第六步：

定期更新关键词评分体系，一般至少以月为单位；分批测试新的关键词，每批次的关键词不宜过多，建议新建单独的计划，设置广告预算不超过 20%，避免对整体转化量和成本造成太大的干扰；基于关键词评分对低分的词做优化，实现优化难度太大的就放弃，从账户中剔除，另一方面也要不断测试新的关键词，择优留用。如此一来，在这样一减一增的动态过程中实现转化量和转化成本的优化调控。

4.4.5 效果评估

在历经近六周的优化后，该 SEM 广告账户的整体效果有了显著的优化。本节以最后一周的数据为例，展示其广告优化效果。如表 4-29 所示，日均广告消费依然是 5000元，但 CPC 下降了近 10%，注册用户数增长了近六成，平均注册成本下降到 100 元以下。符合广告主的考核要求。

表 4-29 本案例 SEM 账户优化后的投放数据

行标签	展现	点击	点击率（%）	消费	平均点击价格	注册用户数	平均注册成本
品牌词	2506	99	3.9	263.4	2.66	11	23.9
竞品词	102 398	678	0.7	2375.3	3.50	16	148.5
通用词	763 640	6185	0.8	20 243.1	3.27	206	98.3
产品词	212 393	3741	1.8	12 158.7	3.25	125	97.3
总计	1 080 937	10 703	1.0	35 041	3.27	358	97.9

优化后保持了原本的账户结构基本不变,账户内的关键词合计 1267 个,比优化前略多一点。关键词有效率较低这一问题得以解决,转化效果不理想的关键词也一直在监测和调控。如图 4-18 所示,账户内有消费的关键词占到全部关键词的比例提升至 78%;如图 4-19 所示,有转化的关键词的广告消费占到全部广告消费的比例提升至 88.1%。

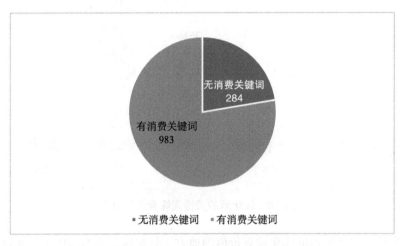

图 4-18　优化后的关键词数量分布

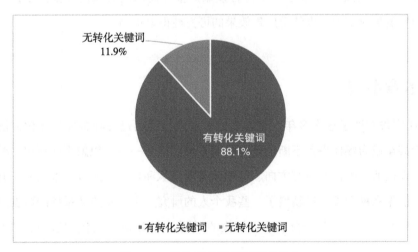

图 4-19　优化后的关键词消费分布

从关键词综合评分的分布来看,除去几十个需要积累数据再做分析的关键词外,共有 1083 个关键词可以计算综合评分。如图 4-20 所示,8～9 分的高分关键词占比达

15%，5 分的低分关键词占比仅为 7.9%，绝大多数关键词的评分都在 6 分或 7 分，比较符合正态分布，如图 4-20 所示。

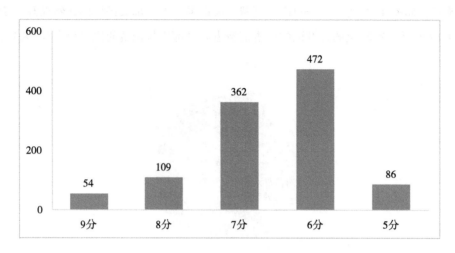

图 4-20　优化后的关键词综合评分分布

总的来说，这个案例的优化最有价值的地方不是对转化成本的优化，而是通过践行 SEM 数据分析方法论，搭建了一个符合该账户推广需求的关键词评分体系，有利于实现关键词库的更新维护，也使得广告效果的可控性得以提高。

4.5　本章小结

SEM 广告发展了这么多年，有许多前辈和同行提出过各种各样的优化方法论，有的方法论甚至成为媒体平台不断优化迭代的方向。笔者一直在想怎么能写出一些不一样的东西，在前辈和同行的研究方向、经验上有所继承和创新。所以，本书除了有一些经典的分析框架和模型外，还新增了一些我个人的研究成果，希望从系统的数据分析方法论出发，解决一些传统数据分析难以解决的问题，为 SEM 广告优化这一栋"大厦"添砖加瓦。

第 5 章　Chapter 5

信息流广告数据分析

本章主要围绕信息流这一广告类型的数据分析进行讲解。从信息流广告最基本的属性出发，帮助大家更深刻地认识信息流广告这类新广告，尤其是用户触达及转化的底层原理。对于图文组合的广告创意难以定量化分析这一普遍难题，我也给出了解决思路，希望为大家的信息流广告优化工作提供一些有价值的信息。

5.1　认识信息流广告

5.1.1　信息流广告发展现状

首先需要定义什么是信息流。

从形态上来说，内容按类似的规格样式上下排布就是信息流，比如，今日头条首页就是信息流，我们从微信朋友圈里看到的动态也是信息流。

从展示与排序上来说，有的按热度，有的按算法，有的按时间顺序。例如，百度热搜榜的排序就是按热度，今日头条首页的资讯内容就是按个性化推荐算法，而微信朋友圈的动态则是按时间先后顺序的。

信息流广告，指的是与信息流内容混排在一起的广告，又叫原生广告。英文名为 News Feed Ads，最早由 Facebook 推出，之后被各大流量媒体学习借鉴。信息流广告是长得像内容的广告，如果不仔细留意周围出现的"推广""广告"字样，可能绝大多数用户都识别不出来这是一条广告。

在第 4 章我们提到过，进入移动互联网时代后，用户的上网行为和注意力分配有了重大变化，反映在数字营销领域的比较明显表现是，信息流广告快速崛起。根据艾瑞发布的《2019 中国互联网发展全瞻》报告，信息流广告整体发展高于行业水平，2017 年在整个网络广告的市场份额为 18.4%，2018 年市场份额预计能达到 23.9%。

当前信息流广告的竞争格局，如图 5-1 所示，大致分为如下几大阵营。

图 5-1　国内主流的信息流广告平台

一是综合类的内容资讯平台。又可细分为内容型和渠道型。前者多为传统门户资讯或纸媒，典型代表有腾讯新闻、网易新闻、凤凰新闻等；后者主要是基于个性化算法推荐的内容资讯分发平台，典型代表有今日头条、一点资讯、趣头条等。

内容型综合资讯平台的优势在于内容质量较高，有不少使用多年的老用户，所以忠诚度较高；作为广告媒介来说，目标受众相对中高端，收入和消费水平较高，对广告的辨识度和认知度较强，比较适合大品牌的广告主。而渠道型综合资讯平台的优势在于，用户量庞大，用户构成多元化。一般渠道型综合资讯平台的日活跃用户量多则数亿，少则几千万，各类目标人群都有一定规模的分布，几乎适合所有 To C 的广告主；同时，平台上的内容资讯非常丰富，涵盖各种领域，基于对用户阅读偏好等数据的分析，平台对用户画像的描绘较为精确和完整，广告定向也更加精准。

二是垂直类的内容资讯平台。如汽车之家、PP 体育等。这类平台的用户量相对较小，难以作为主力渠道；用户相对聚焦，只适合特定行业的广告主；另外，媒介平台是基于用户对垂直内容的阅读行为描绘的用户画像，垂直内容不能完整体现一个用户的兴趣和偏好，在广告定向上会有一定的偏差。

三是以工具类超级 App 切入综合资讯信息流。典型代表有百度（也就是之前的手机百度 App）、WiFi 万能钥匙、UC 浏览器等。这类平台是在原本超级 App 上新增的信息流内容服务，用户基数庞大，流量规模可观；因为带有工具类属性，使用场景稳定，用户分布也较为均匀，即各类目标人群都有一定的比例；本身有超级 App 的数据积累，可能还有集团层面的媒体资源整合和数据打通，加之基于综合内容资讯的用户画像分析，在广告定向上有较大的操作空间。

四是社交类平台。典型代表有微信、微博、陌陌、知乎等。这类平台主要为用户提供即时通讯和社区交友的功能，会产生大量的 UGC（User Generated Content，用户原创内容）内容，按照一定的算法或者时间顺序排列，形成信息流。作为信息流广告媒介，社交类平台的优势在于用户规模大，用户黏性高；同时，因为是社交平台，用户自然属性的数据比较准确，比如用户的年龄、性别、所在城市、工作等，对于用户画像的描绘和广告定向来说是非常有价值的。

相较于 Banner、贴片等传统广告，信息流广告的优势在于以下几点。

1）**用户体验好**。信息流广告与内容视觉上整合，不会破坏画面的和谐性，与内容交互统一，广告一直处于用户的视觉焦点中，但又不会对用户浏览行为造成打断或干扰。无论哪一种信息流平台，用户在使用时都有着自己既定的需求，比如使用今日头条 App 是浏览自己感兴趣的资讯，使用微信 App 则是与人聊天等，信息流广告因其与内容融为一体，不容易引起用户的抵触情绪。

2）**投放相对精准，转化率高**。信息流广告变相的模式，其实就是通过数据的深度分析，实现用户与广告的智能匹配。简单来说就是，媒体会根据数据分析出你是什么样的人，然后推荐给你可能适合你的广告。整个环节中，数据是最有价值的。信息流平台对用户画像描绘依赖的数据主要来自三类：第一类是用户自己填写的，在社交平台尤为明显，比如性别、年龄、学历、地域、职业等；第二类是平台基于用户的使用行为做出的数据采集和挖掘，包括操作系统、地域、性别、年龄、职业、兴趣偏好等，其中操作系统、地域等通过技术手段很容易收集，性别、年龄等自然属性则是根据算法模型估算的，比如一个经常浏览汽车、手游、英语四六级等相关主题内容的用户，多半可能被系统判断为在校的男大学生；第三类是与其他平台的数据打通或数据交换，比如我们在京东浏览过某些商品，在今日头条首页就会看到这件商品的信息流广告。因此，用户看到的广告都是有针对性推荐的，是能满足用户即时需求或潜在需求的，相较于传统的banner、贴片等广告，用户形成转化的意愿和效率会更高。

3）**内容资讯是新的流量入口，信息流也成为获取增量用户的重要渠道**。新闻资讯类 App 和社交类 App 的用户规模庞大，形成内容信息流后将产生十分可观的流量。根据 CNNIC 发布的第 43 次《中国互联网络发展状况统计报告》数据，截至 2018 年 12 月，手机网络新闻用户规模达 6.53 亿，在手机网民中的普及率达 79.9%，年增长率为 5.4%。全部手机网民中，微信朋友圈的使用率为 83.4%，微博的使用率为 42.3%。另外，与一些向用户提供同质化服务、大多数用户只使用其中一款的软件工具如搜索引擎、应用商店相比，不同的新闻资讯类 App 之间内容有所差异，不同的社交类 App 适用的社交场景不一样，用户同时使用多款 App 是普遍现象。这些都会成为信息流广告流量增长的驱动因素。

5.1.2 信息流推广渠道的特点

信息流广告作为近几年发展得如火如荼的营销推广渠道，具有以下几个特点。

一是不同信息流平台的广告效果差异较大。一方面这和信息流平台的媒体类型有关，社交类、资讯类媒体的广告效果更好，工具类、视频类媒体的广告效果略差一点；另一方面，不同信息流平台的用户人群也存在一定差异，比如知乎的用户主要为年轻的、受过较好教育的学生和城市白领，汽车之家的用户主要为对汽车感兴趣的男性用户。所以，在选取信息流广告平台时，要从平台的媒体类型、覆盖的用户人群属性等多方面综合考虑，对广告效果有一个合理的预期。

二是广告投放非常依赖广告定向。在 SEM 广告领域，默认由不同关键词引导来的用户是有差异的，买的是某个关键词搜索结果的广告位置；在应用商店广告中，虽然首页推荐广告会有一定的个性化推荐，但主要还是以竞价排名为主。而信息流广告是真正地从"买广告位"变成了"买用户"。因为我们从数据和技术上可以对用户更加了解，在合适的时间、合适的场景给合适的人展示合适的广告创意。因此，除媒体类型、覆盖的用户人群属性外，信息流广告的效果更与平台的广告定向能力密切相关。决定信息流平台广告定向能力的主要因素有两方面：一是数据，二是技术。总的来说，媒体流量形态越丰富、广告技术积累越久的大媒体，广告定向能力更强。

三是广告创意生命周期短。用户天然具有"喜新厌旧"的行为偏好，同时信息流广告媒体方出于对用户体验的保护，对上线时间比较久的广告创意会做一些限制，将这条创意的质量度下调。反映在广告投放数据上就是，如果一条广告创意投放了两周以上，曝光量、点击率可能会有比较明显的下降，后端的转化效率也会受到影响。在信息流广告才兴起的一段时间里，还可以通过对图片文案的略微修改当作"新创意"骗过广告系统，后来广告系统都人工智能化了，"新创意"必须要足够新。对于我们广告优化人员来说，信息流广告账户的维护需要不断更新创意，但因为不能保证广告创意的投放效果，唯一比较好的做法就是一次上线多条广告创意，快速测试，择优留用。这样一来，信息流广告的投放无论从工作量上，还是优化难度上，都对优化人员提出了更高的要求。

5.1.3 信息流广告数据分析痛点

若问起信息流广告的数据分析难点，每一个业内人士都有自己的观点，笔者这里选取了几类比较有代表性的情况进行讲解。

1. 各信息流广告存在差异，成功经验难以推广复制

这一点在多渠道信息流广告优化中体现明显，比如，同一条创意在 A 平台效果很好，但复制到 B 平台就不尽人意；又比如，A 平台的点击率较低，着陆页转化较高，B 平台刚好相反，点击率较高，但着陆页转化较低。造成这种差异的原因有很多，包括但不限以下方面：

- 各信息流广告平台的媒体属性不一；
- 各信息流广告平台的用户画像本身存在差异；
- 各家广告定向算法及定向精准性有差别；
- 各家的广告展现机制和用户转化路径有所不同，等等。

对于这个问题的解决，首先要抛弃"成功经验可以复制推广"的想法，把每一个信息流广告平台视为独一无二的渠道，其他平台上的成功经验仅供参考，我们更应该做的是实事求是，基于实际投放数据总结规律和经验。

由于每一个信息流平台有其自身的特殊性，本章将从信息流广告数据分析本质出发，将各家信息流广告平台的共性提取出来讨论。

2. 广告定向大多凭经验，缺乏数据支持

信息流广告非常依赖广告定向，而在实际投放过程中，大多是广告优化人员根据经验进行广告定向设置，缺乏数据分析的支持。并不是说经验没有价值，相反，经验非常有价值，但经验的积累需要时间，而且是难以复制的，从概率上讲，经验不如数据那么精确和稳定。这也是我写此书的初衷，希望大家能从广告数据中多挖掘一些有价值的洞察，能结合积累的经验，将广告效果优化做得更快更好。

造成广告定向缺乏数据支持的原因，主要有以下几方面：

1）一些广告主对自己的目标受众缺乏认识，无法提供相应有价值的信息作为参考。

2）虽然广告主对希望触达的目标受众有一个比较明确的描述，但受限于目前信息流媒体平台的数据和技术能力，很多定向是不能实现的。比如，我曾经服务过的一个现

金贷款行业客户，广告主希望触达的是"四无"年轻人群，即无房、无车、无社保、无信用卡。除了年龄外，其他几项都不是广告平台的常规定向设置，对于如何更好地触达目标用户，只能在创意上多花心思了。

3）信息流媒体平台广告定向实际和理论上有一定的偏差。由于各家的数据来源、算法模型等都不一样，出现这样的偏差是不可避免的。比如，我们要定向30岁以下用户，但很可能还有一部分30～40岁的用户也被触达了。当这种偏差大到一定程度，广告定向中的这一细项就失去了应有的价值。

4）没有收集和分析数据的意识。如果要对广告定向做数据分析，比较严谨的做法是用同一个创意分别测试不同的定向维度，每次只测试一个维度。其实很容易理解，如表5-1所示是某英语培训机构的信息流广告，我们建了8个不同的推广单元，对应3个定向维度，分别是性别、年龄和操作系统。创意都是同一个，出价均为0.7元。根据前端投放数据可以看到，男性、18～29岁、30～39岁、iOS手机这几大类用户的点击率显著较高，说明对广告更感兴趣。

表 5-1 某英语培训机构信息流广告的定向测试

推广单元	创意	广告定向	展现	点击	点击率（%）
测试－性别－男	流利英语如何练？每天一部微电影时间，与老外交流无障碍	男	69 302	1247	1.80
测试－性别－女		女	51 889	755	1.46
测试－年龄－18		18岁以下	18 044	267	1.48
测试－年龄－18～29		18～29岁	48 644	1291	2.65
测试－年龄－30～39		30～39岁	25 637	543	2.12
测试－年龄－40		40岁及以上	18 921	227	1.20
测试－操作系统－安卓		Android	69 689	1302	1.87
测试－操作系统—苹果		iOS	40 280	1224	3.04

可惜的是，在信息流广告优化实践中，有这样的对比测试意识并且付诸实践的广告优化人员少之又少。

综上，因为各种因素的影响，信息流广告定向更多依赖广告优化人员的经验。在5.3.2节，我将介绍一种基于历史转化数据做的分析方法论，力图在信息流广告定向上为大家提供一些数据支持。

3. 创意难以定量化，试错成为常态

一条文案，加上一张或几张图片的信息流广告创意看似很简单，但就是这样简单的图文组合成的创意，是难以用数据进行量化的。首先，一张图片的独特性是由很多因素导致的，包括主色调、布局、图形元素等，同样地，一句文案也会受到句型、措辞等细微因素的影响，这些一个又一个小的细节是很难用数据表现的。其次，各种因素对创意的影响不是简单叠加，而是会有机结合产生"新效应"。

举个例子，如图5-2和图5-3所示是某生活服务App在同一个信息流平台一点资讯上的广告，创意A与B的文案完全一样，都为"下载糯米App点外卖，享5折麻小，点燃盛夏！"，图片上略微有一些差别，创意A的图片顺序有调整，右下角加了优惠信息。但从实际投放数据来看，创意A的点击率是1.69%，创意B的点击率是3.82%。这个结果与我们的预期是不太相符的，创意A在图片中将文案的5折优惠进行具象化表达，反而点击率更低，经过探讨，最终归因为，优惠信息使创意不够"原生"，对用户形成了打扰，使广告显得有些土里土气。

图5-2　小龙虾的广告创意A

图5-3　小龙虾的广告创意B

图文创意对于用户来说是一个很主观的概念，所谓"一千个人眼中有一千个哈姆雷特"，同一个广告创意，每一个用户的关注点和兴趣点是不一样的。

如果信息流广告创意不能定量化，就无法积累样本数据，想通过数据分析挖掘出影响创意质量的关键因素成了空谈。没有历史数据统计和分析的支持，创意设计很难找到方向，试错就成了信息流广告投放的常态。所以，我们往往会看到在信息流广告投放中，优化人员会一次性上线很多个创意同时进行测试，然后根据投放数据的情况，优胜劣汰。

这种测试的思路有一定的道理，但在实际操作中会衍生出一些问题。

问题一：缺乏科学的测试机制设计。同时上线几套创意？图片和文案是否需要排列组合？展现量积累到多少的时候才对比分析点击？诸如此类的细节都需要形成一套标准流程，不断迭代优化。

问题二：提高测试效率和节约测试预算难以兼顾。如果要提高测试效率，就需要以较高的出价获取较多的广告展现，这样测试所消耗的广告费用在当天广告预算的占比就会较高；如果为了节约广告预算，以较低的出价做测试，可能一天的投放积累的数据量不足以支撑对比分析，需要拉长测试的周期。

问题三：测试的结果不可控。由于没有历史数据的有效支持，媒体平台对创意的创新也有一定的要求，就会导致我们设计出的"新创意"和历史投放的创意存在明显的差别，"新创意"的投放效果是难以预期的。很可能我们辛辛苦苦设计了一批创意，最后能起量并且成本达标的不到10%。

以上几个问题是普遍存在的，在5.3.1节中，我将为大家介绍系统的创意测试方法论，帮助大家规避这些问题。

4. 广告数据分析过度依赖媒体平台

信息流广告可以适用多种类型的推广需求，包括推广App、收集销售线索、加群等，无论是哪一种推广，都需要营销着陆页作为用户转化的承载。在SEM广告中，有一些高级样式可以将用户转化前置，比如App下载、线索通等。但在信息流广告中，对于用户体验的保护是很严格的，除部分信息流平台支持App下载样式外，几乎所有的转化都需要在营销着陆页上进行。从用户转化漏斗来看，用户从点击之后的行为都是在营销着陆页上进行的，对于着陆页的数据统计和监测也就变得非常重要。

常规的广告监测本来也是基于着陆页的，但因为信息流广告需要经常更新创意，导致需要批量生成带有监测参数的 URL，有时候还会涉及修改着陆页。对于很多技术能力较弱的广告主来说，是有一定难度的；同时对于负责渠道推广、广告优化的人来说，也是一项比较麻烦的工作。

好在"瞌睡来了有人送枕头"，以今日头条为代表的信息流平台，率先推出自助建站服务，不仅免费，而且稳定、访问速度快，优化人员可以根据自己的需求，随时修改和优化着陆页，受到众多广告主、广告优化师的青睐。

在笔者看来，一味追求方便高效，过度依赖媒体平台是具有风险的。无论是 SEM 广告还是应用商店广告，后端的真实数据都是牢牢掌握在甲方（广告主）手里的；只有他们才知道广告的真实效果、真实的目标成本和 ROI，依靠这样的信息不对称，可以在与乙方、媒体的三方博弈中占有主动权。

但用了媒体平台提供的建站服务就不一样了，着陆页由媒体控制，广告主无法添加自己的监测工具。App 推广还好一点，通过渠道包可以做一部分数据统计，其他推广需求，比如销售线索收集等，就基本上完全依赖媒体平台。从广告曝光（展现）到用户点击，再到着陆页和后续转化，几乎所有的广告数据均由媒体平台提供，这样的广告数据分析，不出问题还好，出了问题当真是无从下手。

所以，笔者建议避免对媒体方建站工具的完全依赖，保留一部分自己做数据和监测的营销着陆页，这样至少在评估广告效果时可以有一个参照。

5.2 信息流广告数据分析关键指标解读

5.2.1 ECPM 和 CTR

虽然各家信息流平台的算法存在差异，但最核心的算法都是大同小异的，即 ECPM（Expected Cost Per Mille）。这里有两个方面的逻辑，下面我会详细介绍一下。

1. 从媒体角度看 ECPM

ECPM 是千次展示的期望收入。ECPM 越大的广告，更有可能给媒体带来最大收益，故广告曝光优先级越高。对于信息流广告媒体来说，最难的是在保证用户体验的前提下往信息流内容里面插入广告位，每一次广告的展现都来之不易，媒体也希望能将其价值最大化。ECPM 的算法是从媒体广告收入最大化的角度出发，每一次广告展现背后都有若干家广告主在竞价，媒体会通过大数据算法计算出哪一家广告主能给自己带来最大的期望收入。

期望收入是统计理论上的，主要与广告主的竞价意愿和用户发生点击行为的可能性有关，计算公式为：

一次广告曝光的期望收入 = 广告主愿意为一次用户点击所支付的价格 * 用户点击广告的可能性

举个比较极端情况的例子，对于一次广告曝光，广告主 A 愿意为用户点击付费 5 元，该广告被用户点击的可能性是 100%，而广告主 B 愿意为用户点击付费 10 元，该广告被用户点击的可能性是 60%。这样，广告主 A 带给媒体的期望收入为 5 元，而广告主 B 带给媒体的期望收入为 6 元。于是，媒体会把这个广告位给广告主 B。如果换成把这个收入给大家，我想绝大多数人会选择很稳妥地要 5 元，而不是甘冒风险去争取 6 元。但广告系统要比我们更符合经济学上的"理性人"假设，它所依仗的其实是对用户点击可能性的精确预估，当数据量大到一定程度，预估的精确性和稳定性越来越好，从而实现媒体收入最大化。

具体到信息流广告优化中，广告主愿意为一次用户点击所支付的价格即为 CPC 出价，用户点击广告的可能性即预估 CTR（广告质量度），是由广告系统估算的。所以，ECPM 的计算公式为：

$$ECPM = CPC \text{ 出价} * \text{预估 CTR}$$

请注意，这里的 CPC 出价不等于最终 CPC。CPC 采用第二高价机制，从博弈论原理来说，有助于激励竞价者（即广告主）报出自己真实的出价水平，提高卖方（即媒体方)的收益。

CPC 的结算公式为：

$$CPC(每次点击价格) = \frac{下一名广告出价 * 下一名预估 CTR}{自身广告的预估 CTR} + 0.01 元$$

做过 SEM 广告优化的读者很容易理解这个计算逻辑，CPC 出价仅是广告主愿意为一次点击支付的最高价格。

有的信息流广告媒体平台，会将预估 CTR 换为广告质量度或其他，本质上都是一样的，广告展现优先级以 ECPM（千次展示的期望收入）的高低决定。

2. 从广告主角度看 ECPM

ECPM 是千次展示预估成本。ECPM 越高，广告就越有竞争力，流量就越大。广告主能直接决定的是 CPC 出价、账户结构、广告定向和创意等，但对于广告 ROI 的影响较大的仍是转化成本。如何能以较低的 CPC 获得较高的 ECPM，是值得每一个信息流广告优化从业者思考的。

结合 ECPM、CPC 的计算公式，大致思路有两个：

一是提高预估 CTR，可以以更低的 CPC 出价获取相同的 ECPM。CPC 出价降低，结算时的实际 CPC 也会得到优化。

二是维持 CPC 出价不变，显著提高广告的 CTR，尤其要比下一名的 CTR 更高。如此一来，实际 CPC 将显著低于 CPC 出价。

在优化实践中，这两个思路其实没有区分得太清楚，是混在一起同时操作的。这里需要先介绍预估 CTR 的影响因素。以 UC 信息流广告为例，影响因素有：

- 历史点击率；
- 用户兴趣行为特征；
- 推广计划与推广组历史表现；

- 账户整体历史表现；
- 创意素材质量；
- 广告新鲜度；
- 广告与受众的匹配程度。

虽然各平台预估 CTR 的影响因素略有不同，但历史点击率均作为权重最高的存在。对于开始投放且产生点击的创意，预估 CTR 主要取决于实际 CTR，即上面几大影响因素中的历史点击率；而对于新上的创意，预估 CTR 的估算相对比较复杂，与除历史点击率外的其他因素都有一定关系。

3. 信息流广告中的 CTR

综上所述，提高广告的实际 CTR 成为信息流优化师的共识，毕竟这是最简单直接、最容易量化的优化思路之一。

CTR 是不是越高越好？答案是否定的。CTR 和最终的用户转化可能有一定的相关关系，但毕竟没有因果关系。这里要强调的是，通过优化实际 CTR 来提升广告 ROI 的思路是有适用条件的。

如图 5-4 所示，广告 ROI 主要与单个新用户的贡献收入和平均获客成本有关，假设前者是稳定的，那么提升 ROI 就转化为降低平均获客成本了。根据平均获客成本的计算公式可知，假设点击转化率稳定时，降低实际 CPC 可以有效降低平均获客成本。根据 CPC 的计算公式，再保证广告排名，即 CPC 出价 * 预估 CTR 的结果不变的前提下，提高预估 CTR 有助于降低实际 CPC。最后，因为预估 CTR 主要与历史点击率有关，所以优化创意的实际 CTR 成为提高预估 CTR 的不二选择。这里存在几个可能出现的问题：一是单个新用户的贡献收入是否稳定，一般来说只要不是激励流量，还是比较稳定的；二是点击转化率是否稳定，如果一味提升点击率，很容易将创意设计引向错误的方向，点击率可能变高了，但吸引了很多无关的流量，最终点击率可能会被拉低。哪怕这两个问题都解决了，广告效果可能依然不能如我们所愿。首先，由于创意难以定量化，CTR 的高低是没有保证的，只能通过批量测试来筛选；其次，我们需要先确定转化效果是达标的，再考虑优化 CTR；然而，等数据量足以支持判断转化效果了，CTR 的数据基本也稳定了，没有太多优化空间。感觉陷入了一个逻辑上的"死循环"，这也解释了为什么优化 CTR 不总是那么有效。通过优化 CTR 优化广告效果，本就有很多不可控的因素，在笔者看来，这算是信息流广告优化的羊肠小道，会越走越窄。

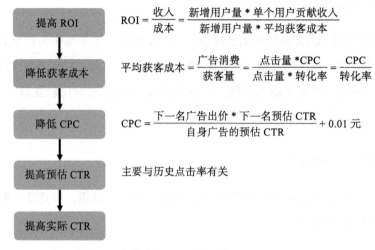

图 5-4　优化实际 CTR 提升广告 ROI 的逻辑

有没有康庄大道呢？答案是肯定的，那就是回归到广告投放的本质，基于对用户画像、用户需求和场景的深刻洞察上，以更精准的广告定向，提高营销着陆页的转化率，带动 ROI 的提升。不用着急，这些问题在本章中都会逐一涉及。

5.2.2　用户画像和广告定向

1. 定义

要讲清楚广告定向，就需要先了解用户画像。

什么是用户画像？简而言之，用户画像是基于用户的自然属性、社会属性、消费行为等多方面数据抽象化的"标准用户"。用户画像多以标签化的形式，用来描绘某产品或服务的目标用户人群。例如，知乎在其商业合作简介中宣称，知乎的核心用户画像为中国的中产阶级，他们生活在一二线城市，年龄在 25～45 岁之间，拥有大学本科及以上学历，是各行各业的专业人士和企业家，年收入在 1.5 万～6 万美元之间。

什么是广告定向？广告定向其实是媒体方为了迎合广告主需求的一种产品包装，已成为主流信息流广告平台的标准化配置。请注意是包装，而不是作假。媒体方沿用用户画像的理论，宣称可以将其媒体平台上的用户标签化，帮助广告主在自己的信息流广告平台上精准触达各类目标人群。刚才说到，知乎官方宣称的用户画像是中产阶级，那么就非常适合金融理财、汽车、房产等广告主。

在优化实践中，大家会发现用户画像并没有那么大的指导价值，广告定向也并没有宣称的那么精准，一切还是要看最终的广告效果。

这是很正常的，不论是广告主的用户画像，还是媒体方的广告定向，都有自己的利益考量，用户画像和广告定向不大可能是简单直接对应的，而是需要更深刻地理解用户画像和广告定向的关系，才能对广告投放有借鉴意义。

2. 用户画像不是多维度的交叉

还是以知乎的商业广告产品介绍为例。用户画像部分提到了 6 个维度，分别是城市等级、年龄、学历、职业、收入，语言的描述让人感觉这 6 个维度是同时满足的，实则不然。无论是第三方发布的行业报告，还是知乎近两年充斥的"大学生""考研""留学"等话题，均说明知乎用户中有非常高比例的大学生。中产阶级有没有，肯定是有的，而且数量不少，但绝不是主要组成部分。能同时满足 6 个维度中 2~3 个的用户占比可能有一半，但同时满足 6 个维度的用户占比绝不会超过 10%。

所以当广告主说他们产品或服务的用户画像时，说的都是单维度的聚合，广告投放切不可理解为是多维度的交叉，如此广告定向过窄，流量将又少又贵。

3. 当心"标准用户"陷阱

这里要引用 2016 年出版的《The End of Average（平均的终结）》书中的一个故事。19 世纪的时候，美国空军想依照美军的平均身材数据来设计飞机驾驶舱的尺寸。于是军方派人去调查了当时的飞行员，总共调查了 4063 个飞行员，测量 10 个维度的数据，每个维度的数据都设定了一个比较宽松的区间，然后对这些数据取平均值，算出一个美军"标准飞行员"的身材。那么，在这四千多个飞行员中，全部十项都符合平均标准的有几个呢？一个都没有。哪怕只考察三项——脖子、大腿和手腕的周长，也只有3.5%的人符合平均水平。

事实证明，根本就不存在什么"标准人"，人与人之间的差距比我们想象的大得多。作者说，"平均人""标准人"这些概率其实都是工业革命的产物，当时强调流程和标准，但现在已经是信息时代，强调的是个性和定制。

所以不要把用户画像等同于"标准用户"，更不是说通过广告定向找到符合用户画像维度越多的，转化率就一定越高。比如，广告主的用户画像是大城市初入职场的女白领，我们可以比较精确定向到19～24岁、一线城市、女性用户，进行投放广告，但转化效果是不能保证的。

要知道，每一个用户都是具有自主意志的，在决定他是否转化这件事上，广告只能诱导、引导和促进，千人千面的定制营销终将是未来趋势。

4. 关注相关而非因果

需要知道的是，信息流广告媒体宣传的广告定向精准投放也只是相对精准。在广告数据分析这件事情上，分析相关关系的价值远胜过分析因果关系。

举一个案例，如图5-5所示，这是笔者曾经负责的某App在360信息流广告平台的投放。4月时，我们把优化的主要精力放在优化账户结构、测试各种广告定向、优化创意方向等，对于注册量的增长起到一定的作用，但注册成本非常不稳定。5月开始，我们和媒体方达成合作，开始尝试人群包定向。具体做法是，我们提供了一个竞品App的列表，媒体方基于平台数据，精准触达最近一个月安装过这些竞品App的用户。从数据可以看到，注册量几乎翻一番，且成本趋于稳定；5月17日前后，我们又提供了一批竞品App，生成新的人群包，注册量进一步增长，且成本仍旧可控。

在这个过程中，常规的广告定向并非一无是处，我们对地域、年龄等用户基础属性还是做了限制。但真正决定广告效果显著优化的还是人群包，人群包提高了目标人群的"浓度"，使得转化效率大大提高，其本质上是Look-alike（相似人群扩展），属于非常规的广告定向范畴。这个案例有一定的特殊性，推广的产品是用户很容易形成多App使用的,所以通过竞品 App 锁定目标人群是可行的。

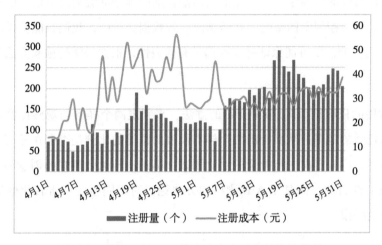

图 5-5 某 App 在 360 信息流广告平台的投放数据

现在主流的信息流广告平台均在不同程度上支持人群包投放,但人群包也有一些天然的局限性,比如非常依赖媒体的资源、人群属性的数据不透明等。各家信息流广告平台的人群包差异较大,故不在本书的探讨范围。

大多数信息流广告优化的广告定向是因果分析思路,即因为用户画像是这样的,所以在广告平台上定向同样或类似的人,触达的用户就应该产生转化,然而实际情况往往不尽人意。须知用户画像描述的是一种现状,哪怕有成功的广告定向先例,也不能完全照搬。用户画像、广告定向与最终的用户转化有没有因果关系?肯定是有的。但影响因素太多,归因成本过高,能做好相关分析对于广告效果优化已然足够。

5.3 信息流广告数据分析方法论

5.3.1 A/B 测试

显著性检验应用到信息流广告数据分析,借鉴的是互联网领域盛行的"A/B 测试"方法论。

A/B 测试是通过科学的试验设计、采样样本代表性、流量分割与小流量测试等方式来获得具有代表性的试验结论，并确信该结论在推广到全部流量时可信。由于广告效果会受到多方面不可控因素的影响，在信息流广告数据分析中，我们只能从投放设计上按照 A/B 测试的标准，尽可能保证样本数据具有代表性，根据科学的检验方法来得出分析结果。

这里常用的依旧是 2.5.2 节中介绍的方法，来判定两个样本的观察比例之差是否超出了样本随机性的范围，从而得出两个样本代表的总体的比例是否存在显著差异。换句话说，对创意、广告定向进行批量的对比测试，筛选出转化效果好的创意和广告定向组合，这是我们的目的；而基于 A/B 测试的方法论，对不同组的广告转化效果做对比分析，是我们的手段。

信息流广告测试主要涉及两个指标，一是点击率，二是转化率。有人可能会问，是不是要考虑转化成本，其实在转化率中已经包含它了。因为各创意的实际 CPC 可能不一致，不能直接看转化成本，而转化率是可以直接对比的指标。

点击率和转化率是用户转化漏斗上相邻的两个转化率，A/B 测试的数据分析方法论其实是一样的。下面我们以某现金贷款 App 在某信息流平台的投放为例，在同一个案例中对这两个指标的测试做分步骤的讲解演示。

第一步：设计测试

创意和广告定向是组合的关系，为了保证单变量控制，大致可分为两类测试。

一类是用同一个广告定向测试不同的广告创意，如表 5-2 所示。可以看到，创意 A、创意 B 和创意 C 之间是完全不一样的文案和图片，主要是为了探索优质创意的设计方向。

另一类是用同一个广告创意测试不同的广告定向维度，如表 5-3 所示。需要注意的是，在测试广告定向维度时，要覆盖该维度下全部可能的情况，不能遗漏。比如，要测试性别这一定向维度，就要同时覆盖男性和女性，不然数据对比是不严谨的。不建议用男性和性别不限这样的对比组，性别不限中已经包括了男性，数据分析会受到干扰。

表 5-2 某现金贷款 App 在某信息流平台的投放数据 -1

推广单元	创意名	创 意	广告定向
广告定向测试 1-男|19～29 岁|安卓	A	输入你的手机号，看你能贷多少？	性别：男 年龄：19～29 岁 操作系统：Android
广告定向测试 1-男|19～29 岁|安卓	B	到处求人借钱？这里用身份证就能借	
广告定向测试 1-男|19～29 岁|安卓	C	门槛低，输入手机号，看你能借多少？	

表 5-3 某现金贷款 App 在某信息流平台的投放数据 -2

推广单元	创意名	创 意	广告定向
广告定向测试 2- 男性	A	输入你的手机号，看你能贷多少？	性别：男
广告定向测试 2- 女性	A		性别：女
广告定向测试 3- 安卓	A		操作系统：Android
广告定向测试 3- 苹果	A		操作系统：iOS

第二步：积累数据

接下来探讨一个大家非常关心的问题，数据要积累到什么程度，点击率、转化率才算是稳定，可以用来做对比分析。以点击率为例，大家可能都有自己的经验和标准，可能是展现量到 3000，或者展现量到 5000，或者点击量到 100 等。

我先不告诉大家应该是多少，一切用数据说话。图 5-6 是我用计算机程序模拟的用户转化数据，预设的点击率是 2.4%，处于一个比较普遍的点击率水平，横坐标 x 是从第 1～2000 次展现，纵坐标是展现量为 x（x 从 1 到 2000）时的整体点击率。总共模拟了 3 次，分别是 3 条折线。可以看到，展现量增长到 1000 之前，点击率呈现非常大幅度的波动；展现量增长在 1000～2000 这个阶段，3 条线趋势逐渐靠近，但仍有较大的差距；在展现量为 2000 的点上，第 1 次点击率模拟结果为 1.9%，第 2 次模拟结果为

2.4%，第 3 次模拟结果为 3.1%。

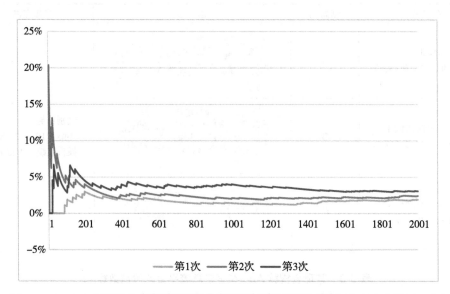

图 5-6　模拟用户点击率趋势（展现量 1 ~ 2000）

接着我们继续增加展现量，如图 5-7 所示，当展现量达到 5000 以上时，3 次点击率模拟结果分别在 2.1%、2.3% 和 2.5% 上下波动；当展现量达到 10000 时附近时，3 次点击率模拟结果均在 2.3% ~ 2.5% 之间。

可以得出一个初步的结论，点击率的测试最好在展现量积累到 10000 以上，如果条件实在不允许，也要保证在 5000 以上。

而对于转化率的测试来说，转化率的稳定性要比点击率更好，且出于节约广告预算的考虑，建议等点击量积累到 5000 以上，如果预算实在有限，也应保证在 1000 以上，并且做显著性检验辅以决策判断。

第三步：显著性检验，得出结论

表 5-4 所示的是表 5-3 测试组的转化数据。

在 2.5.2 节中，我们介绍了一个在线的小工具，可以非常简单地计算出两个总体比例的显著性差异。

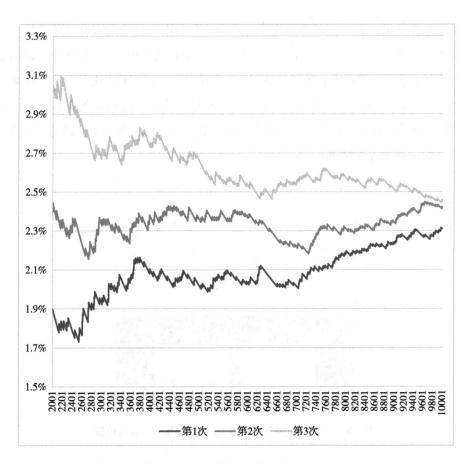

图 5-7 模拟用户点击率趋势（展现量 2001～10000）

表 5-4 广告定向测试 2 的转化数据

创 意	广告定向	展 现	点 击	CTR（%）	App 注册	点击转化率（%）
	性别：男	14 834	581	3.92	36	6.2
	性别：女	13 540	586	4.33	25	4.3
	操作系统：Android	42 957	1418	3.30	79	5.6
	操作系统：iOS	33 140	1169	3.53	48	4.1

我们先测试男性和女性的不同定向，点击率和点击转化率是否有显著差异。点击率的显著性检验计算结果如图 5-8 所示。可以看到 p 值为 0.041，小于 0.05，说明定向女性会使点击率有显著提升，虽然只高了 0.4 个百分点。接着看点击转化率，结果如图 5-9 所示。可以看到 p 值为 0.069，大于 0.05，说明在置信区间 95% 的条件下定向男性的点击转化率并没有显著提升，虽然点击率高出近 45%。这只是初步的结论，毕竟点击量只有 500+，可能存在波动。

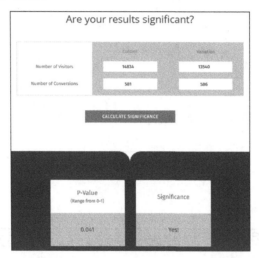

图 5-8　广告定向男性组和女性组的点击率显著性检验

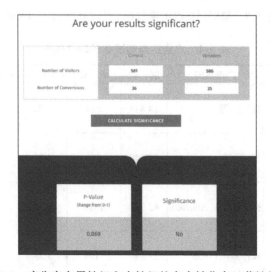

图 5-9　广告定向男性组和女性组的点击转化率显著性检验

下面测试 Android 和 iOS 的不同定向，点击率和点击转化率是否有显著差异。点击率显著性检验的计算结果为 p 值 = 0.044，可见定向 iOS 设备的广告点击率显著更高，虽然只高了 0.2 个百分点。点击转化率显著性检验的计算结果为 p 值 = 0.041，说明定向 Android 设备的广告点击转化率显著更高。此时的点击量基本达到了数据分析的要求。

综上，样本量越大，不同测试组之间细微的差别就越可能被分析出来。

5.3.2 朴素贝叶斯算法——优化广告定向

每次提到贝叶斯定理，我心中的崇敬之情就油然而生，倒不是因为这个定理多高深，而是因为它特别有用。这个定理解决了现实生活里经常遇到的问题：已知某条件概率，如何得到两个事件交换后的概率。比如，我知道发生转化的用户中，使用苹果手机的女性比例是 36%，那么当一个使用苹果手机的女性用户看到我的广告时，发生转化的可能性有多大？贝叶斯定理可以帮助我们计算出这一可能性。试想，如果应用到广告定向上，将创造出十分可观的分析价值。在本节，我将为大家分享优化广告定向的一大"神器"，那就是朴素贝叶斯算法。

朴素贝叶斯算法（Naïve Bayes），又叫简单贝叶斯，是数据挖掘领域经典算法之一。朴素贝叶斯是一种简单但是非常强大的线性分类器。它在垃圾邮件分类、疾病诊断中都取得了极大的成功。之所以称为朴素，是因为它假设特征之间是相互独立的。但是在现实生活中，这种假设基本上是不成立的。即使是在假设不成立的条件下，它依然表现得很好，尤其是在小规模样本的情况下。贝叶斯指的是统计原理基于贝叶斯定理，即关于随机事件 A 和 B 的条件概率的一则定理。

为了进一步理解朴素贝叶斯算法，我们需要先对条件概率做一些介绍。在图 5-10 所示的韦恩图中，我们用矩形表示一个样本空间，代表随机事件发生的全部可能结果。在 2.2 节，我们介绍过，对随机事件 A 的概率定义为 $P(A)$，几何意义就是圆圈 A 在矩形中的面积占比。接着我们对需要用到的概率，做以下定义和说明。

1) $P(AB)$，是 $P(A \cap B)$ 的简写，代表事件 A 与事件 B 同时发生的概率，即两个圆圈重叠的部分；特别的，当事件 A 与 B 相互独立时，$P(AB) = P(A) * P(B)$。

2）$P(\bar{A})$，是 $1 - P(A)$，代表事件 A 不发生的概率，即矩形中除了圆圈 A 以外的其他部分。

3）$P(A \cup B)$，代表事件 A 或者 B 至少有一个发生的概率，即圆圈 A 与圆圈 B 共同覆盖的部分。

4）$P(A|B)$，代表在 B 事件发生的基础上事件 A 发生的概率，几何意义为 A、B 重合的面积比上圆圈 B 的面积，这便是前文所提到的条件概率。

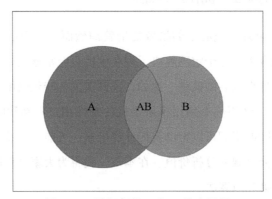

图 5-10　随机事件 A 与 B 的韦恩图

贝叶斯公式用来描述两个条件概率之间的关系，其实很容易理解，如下所示：

$$P(AB) = P(A) * P(B|A) = P(B) * P(A|B)$$

变形后，可得：

$$P(A|B) = \frac{P(A)*P(B|A)}{P(B)}$$

根据这个公式可知，如果我们想知道事件 B 发生的条件下 A 发生的概率，只需要计算出后面 3 部分就好了，包括事件 B 发生的概率、事件 A 发生的条件下 B 发生的概率、A 事件发生的概率。

介绍完理论，下面我们用具体的信息流广告投放案例做应用层面的演示讲解。

1）获取受众画像数据，匹配转化结果

主流的信息流广告平台都提供了受众画像的数据,如表 5-5 所示是某房地产客户的信息流广告投放数据,转化定义为填写表单。总共 30 个样本,代表 30 个 UV;"转化"这一列,值为 1 代表发生转化,合计有 14 个样本,即发生转化的用户数为 14。

表 5-5 受众画像数据

ID	性 别	年 龄	操作系统	转 化
1	男	35～39 岁	iOS	1
2	男	30～34 岁	iOS	1
3	女	18～24 岁	Android	0
4	女	18～24 岁	Android	1
5	男	25～29 岁	Android	0
6	女	25～29 岁	Android	0
7	女	35～39 岁	Android	1
8	男	18～24 岁	Android	0
9	女	25～29 岁	iOS	0
10	女	30～34 岁	iOS	1
11	男	18～24 岁	Android	0
12	女	18～24 岁	Android	0
13	男	35～39 岁	Android	0
14	女	35～39 岁	Android	1
15	男	30～34 岁	iOS	1
16	女	18～24 岁	Android	0
17	女	30～34 岁	Android	1
18	男	35～39 岁	iOS	1
19	女	25～29 岁	iOS	0
20	男	25～29 岁	Android	0
21	女	18～24 岁	iOS	0
22	男	30～34 岁	iOS	1
23	男	35～39 岁	Android	1
24	男	25～29 岁	iOS	0
25	男	35～39 岁	Android	0
26	女	25～29 岁	iOS	1
27	女	18～24 岁	Android	0
28	男	25～29 岁	iOS	1
29	男	35～39 岁	iOS	1
30	女	18～24 岁	iOS	0

ID 只是编号，用于区分不同样本，对于挖掘没有价值。接着，我们对除 ID 外的变量做一个统计整理，观察其数据分布情况，如表 5-6 所示。

表 5-6 受众画像数据的分布占比

性别	转化 =1	转化 =0
男	57.1%	43.8%
女	42.9%	56.3%

年龄	转化 =1	转化 =0
18～24 岁	7.1%	50.0%
25～29 岁	14.3%	37.5%
30～34 岁	35.7%	0.0%
35～39 岁	42.9%	12.5%

操作系统	转化 =1	转化 =0
Android	35.7%	68.8%
iOS	64.3%	31.3%%

转化	分布
0	53.3%
4	46.7%

2）基于朴素贝叶斯的概率计算

假设我想知道广告定向 X = (性别 =" 男 "，年龄 ="35～39 岁 "，操作系统 ="iOS") 的用户转化的可能性，即求 $P($ 转化 ="1" $|X)$。

直接计算肯定是不行的，结合前文讲到的贝叶斯公式，可以转化为式（5-1）。

$$P(\text{转化} ="1" | X) = \frac{P(\text{转化} ="1")*P(X | \text{转化} ="1")}{P(X)} \quad (5\text{-}1)$$

我们只需要知道 $P($ 转化 ="1")、$P(X |$ 转化 ="1") 和 $P(X)$ 这 3 个概率，就可以计算出广告定向为 X 的用户的转化可能性。

第一个概率很容易通过样本数据统计得到：

$$P(\text{转化} ="1") = \frac{14}{30} = 0.4667$$

第二个概率看起来不好算，这里就要用到朴素贝叶斯的核心定义，假设特征之间是相互独立的。在前文统计学理论讲解时，我们提到，当事件 A 与 B 相互独立时，$P(AB) = P(A) * P(B)$。

所以，第二个概率也可以计算出：

$$P(X\mid 转化="1") = P(性别="男"\mid 转化="1") * P(年龄="35～39岁"\mid 转化="1") *$$
$$P(操作系统="iOS"\mid 转化="1") = \frac{8}{14} \times \frac{6}{14} \times \frac{9}{14} = 0.1574$$

第三个概率 $P(X)$ 就很麻烦了，我们没办法知道点击广告的是一个 35～39 岁使用苹果手机的男性用户的概率。

不用担心，我们还有另一套解决方案。由式（5-1）同理可推出下面的式（5-2）。

$$P(转化="0"\mid X) = \frac{P(转化=0)*P(X\mid 转化="0")}{P(X)} \qquad (5\text{-}2)$$

可以看到，前两个概率也是可以计算的，同时，无法计算的 $P(X)$ 再一次出现。

联立式（5-1）和式（5-2），可得式（5-3）。

$$\frac{P(转化="1"\mid X)}{P(转化="0"\mid X)} = \frac{P(转化=1)*P(X\mid 转化="1")}{P(转化=0)*P(X\mid 转化="0")} \qquad (5\text{-}3)$$

至此，我们可以得出广告定向为 X 条件下，用户转化的概率和用户不转化的概率之比。在统计学上，这两个事件是互相对立的，它们加在一起的概率应为 1。换句话说，广告定向是 X，一个用户有可能转化，也有可能不转化，但绝不会出现第三种情况，所以这两种情况已经是全部可能的结果，概率相加应为 1。由此可得式（5-4）。

$$P(转化="1"\mid X) + P(转化="0"\mid X) = 1 \qquad (5\text{-}4)$$

联立式（5-3）和式（5-4），就是一个二元一次方程组，很容易算出结果。

下面我们把数据代入计算。

$$P(转化="0") = \frac{16}{30} = 0.5333$$

$$P(X\mid 转化="0") = \frac{7}{16} * \frac{2}{16} * \frac{5}{16} = 0.0171$$

$$\frac{P(转化="1"|X)}{P(转化="0"|X)} = \frac{P(转化=1)*P(X|转化="1")}{P(转化=0)*P(X|转化="0")} = \frac{0.4667 \times 0.1574}{0.5333 \times 0.0171} = 8.0606$$

根据式（5-4），可以得到最终结果为：

$$P(转化="1")|X = 0.8896$$

$$P(转化="0"|X) = 0.1104$$

3）对于广告定向的指导价值

$P(转化="1"|X) = 0.8896$，这个朴素贝叶斯的计算结果显示，广告定向为男性、35～39岁、苹果手机的用户，转化的可能性高达89%。随着样本量的增加，这一概率可能会有变动，但也会愈加稳定。

借助朴素贝叶斯算法，我们可以把广告定向进行排列组合，计算其转化概率，以平均转化率为参照，给予高转化的定向组合更高的出价，低转化概率的定向组合更低的出价，达到广告转化效果的整体优化。

最后说说朴素贝叶斯的独特优势。主流的数据挖掘算法，如神经网络、决策树等，需要如表 5-5 所示的数据，每一列代表目标受众的不同维度，每一行代表一个独立用户的数据。在实际优化过程中，媒体方不可能提供如此详尽的受众画像数据。但朴素贝叶斯不一样，只需提供如表 5-6 所示的统计结果，而不必细化到每一个用户的情况。对于信息流广告数据分析，在 5.3.1 节介绍的对广告定向进行 A/B 测试之外，这是另一种优化广告定向的方法。

5.3.3 创意定量化的解决思路

需要说明的是，受限于能接触到的样本数据规模，我只对部分信息流平台、部分行业的广告数据进行过测试。所以这部分内容是一个还没有完全成熟的思路，仅供大家参考。

在 5.1.3 节中说到，创意难以定量化，试错成为常态。所以，我想通过数学建模的思路，尽可能把创意定量化，对于创意的数据分析提供一些数据基础。

首先，从用户转化出发，归纳影响用户转化的各种因素，挑选相关性高的、可控的因素，作为变量，构建用户转化的数学模型，设用户转化为 F，具体如下：

$$F(\beta_1, \beta_2, \beta_3, \cdots, \beta_n)$$

β_1 为创意，β_2 广告定向，β_3 为着陆页，β_4 为 CPC 出价，β_5 为账户预算等。

在保证 β_2 到 β_n 不变的条件下，分析 β_1 与用户转化概率 F 的关系。

针对创意 β_1，将其以多个维度细分，这些维度之间应满足相关性低、分类不至于太分散的条件，作为变量构建广告创意的数学模型如下：

$$f(\beta_1) = f(a_1, a_2, \cdots, a_n)$$

根据我的经验，给出几大可以对创意做细分的维度。

a_1 是创意中图片的主要元素。如实拍汽车、毕业证书等；需注意，对图片元素尽可能加一些定语，以作区分。

a_2 是创意中图片的主色调，如红色、蓝色、黄色等。笔者曾经做过测试，在文案、图片元素、广告定向等其他条件不变的情况下，不同主色调的广告创意的点击率有 1～1.5 个百分点的差异。

a_3 是创意中文案的核心利益痛点。文案的核心利益痛点，从低到高依次是：品牌 / 产品 / 服务卖点、功能利益痛点、心理利益痛点、价值利益痛点。

又比如营销专家李叫兽提出的梯子理论，从产品到用户，文案的四个层次分别是：

- 属性——产品有什么属性和功能；
- 利益——这个功能能给我带来什么利益；
- 心理利益——这个利益会帮我达成什么目标；
- 价值观——我为什么在乎这个目标。

其实理论基础均来自于马斯洛的需求层次理论，实践基础来自于国外 4A 广告公司。

a_4 是创意的模板或套路。分为七大类，分别是形象化类别、极端情景、呈现后果、制造竞争、互动试验、改变维度和不用模板。理论来源为 Goldenberg 在顶尖营销学术期刊《Marketing Science》上发表的一篇文章，文章认为 89% 的优秀获奖创意广告实际上来自 6 个创意模板，而在没有获奖的创意广告中，只有 2.5% 使用了这 6 个模板之一。这里做一些具体的讲解：

- 形象化类别——把某个象征性的物品加到我们的产品上；
- 极端情况——找到这样一个情景，在该情景下，产品的一个卖点重要到了离谱的程度；
- 呈现后果——向用户呈现使用产品的极端后果（甚至可能是负面后果）；
- 制造竞争——把我们的产品跟非同类的产品进行对比和竞争，以突出产品优势；
- 互动试验——让用户根据广告的描述，完成一个行动，或者让用户想象完成行动的情景；
- 改变维度——对产品进行时间、空间上的转换，比如把它复制或分解、把它放到未来或者过去等。

大家如果想进一步了解这 6 个创意模板，建议阅读《"创意"本身真是没有创意：89% 的创意广告来自这 6 个模板》这篇文章。

a_5 可以是文案与广告定向的匹配程度，是否圈定特定人群。比如类似这样的文案：上海人最喜欢的 10 个出国游目的地；北京应届生注意了，2019 最后一次 500 强企业直推面试。

这里先列举了 $a_1 \sim a_5$。需注意，不同于 β 相对确定和可控，对于不同平台、不同行业、不同推广需求，需要大家根据推广的实际情况对 a 做一定的调整，根据投放数据不断验证和提炼，迭代优化。

从理论上，我们可以将一条创意从各个维度打标签，类似于用户画像，我们做的工作某种程度上是描绘创意的画像。

举个例子，如图 5-11 所示的信息流广告创意，创意画像为 $f(a_1, a_2, \cdots, a_n)$，其中：

a_1（图片的主元素）= 实拍汽车

a_2（图片的主色调）= 黑色

a_3（文案核心利益痛点）= 功能利益痛点。最新款产品，还有限时优惠。

a_4（创意的模板）= 互动试验。鼓励消费者点击询价。

a_5（圈定特定人群）= 无。

图 5-11　某汽车行业广告主信息流广告创意

再举个例子，如图 5-12 所示的广告创意，创意画像为 $f(a_1, a_2, \cdots, a_n)$，其中：

a_1（图片的主元素）= 国外名校、学生

a_2（图片的主色调）= 黄

a_3（文案核心利益痛点）= 功能利益痛点。普通学校的学生，中等偏上成绩，也能申请到美国名校。

a_4（创意的模板）= 互动试验。让消费者想象完成行动的情景。

a_5（圈定特定人群）= 无。

以上将创意进行定量化分析的思路，旨在和点击率、转化率等指标关联，对于创意的设计和优化具有一定的指导意义。在 5.4 节，我们将做详细的应用讲解。

图 5-12　某教育行业广告主信息流广告创意

5.4　案例：某金融 App 的今日头条信息流广告优化

5.4.1　项目背景

下面是我曾服务过的广告主，推广的是一款提供小额现金贷款的 App，主要竞争对手有飞贷、2345 贷款王等。信息流平台为今日头条，日均广告预算为 10000 元，主要考核的是注册量和注册成本，平均注册成本不高于 30 元。

我接手之后，对账户的基本数据面进行梳理，发现账户从结构上比较混乱，转化效果也不尽如人意。表 5-7 是统计周期为一周的投放数据。可以看到，账户共有 10 个推广计划，主要是依据不同的广告创意搭建的，同时还做了单图和组图的对比。账户日均广告消费为 6000 多元，没有达到日均 10000 元的要求，平均注册成本为 28.9 元，基本上是临近成本红线了。

表 5-7　某金融 App 的信息流广告投放数据

推广计划	展　现	点　击	CTR	广告消费	CPC	注　册	注册成本
【30 天免息】一组图 2	73 802	2520	3.4%	5056	2.01	183	27.63
【30 天免息活动】一单图	63 370	1109	1.7%	2012	1.81	78	25.79
【30 天免息活动】一组图	309 829	6927	2.2%	13 219	1.91	452	29.25
【测试图片样式】	86 093	2807	3.3%	5447	1.94	167	32.62
【手机号额度】一单图	50 877	714	1.4%	1502	2.10	64	23.47
【手机号额度】一组图	163 407	3819	2.3%	7303	1.91	255	28.64

（续）

推广计划	展现	点击	CTR	广告消费	CPC	注册	注册成本
【文案-手机申请】一组图	43 940	756	1.7%	1265	1.67	53	23.86
【手机号值钱】一单图	25 987	310	1.2%	773	2.50	22	35.12
【手机号值钱】一组图	126 164	2695	2.1%	6475	2.40	214	30.26
合计	943 467	21 655	2.3%	43 052	1.99	1488	28.93

随后，我又看了广告定向的设置，除了定向操作系统为 Android 手机外，没有其他定向。和广告主进一步交流后得知，因为注册成本偏高，不敢放量，所以一直压低 CPC 出价；在没有数据支持的前提下，广告定向也不敢收得太窄。关于新广告创意的测试，为了不影响整体投放效果，在推广计划"【测试图片样式】"中做小流量测试，日均广告预算 500 元，实际日均消费 400 元。

5.4.2 优化难点

了解完信息流广告账号历史投放情况后，我对账户存在的问题进行了梳理和提炼。目前，广告账户的投放现状用一句话总结就是：先天不足，后天畸形。因为从一开始没有考虑到对创意和广告定向进行科学的测试，盲目上线了大量的创意，所以在转化成本偏高之后，不敢继续放量，哪怕在继续测试新创意，也不敢投入过多预算，测试效率比较低。

难点一：目前的账户结构比较混乱，不利于优化操作

目前的账户结构对广告优化操作不够友好，对于广告定向的使用度太低，创意废弃之后也需要废弃推广计划或单元，历史积累数据的价值被浪费掉了。

难点二：对广告定向进行测试，提高触达目标受众的精确性

对广告定向的不同维度进行测试，需要用同样的广告创意，选择哪一个广告创意更具代表性是值得斟酌的。测试从设计上要科学，既能保证测试效率，又能节约广告预算，最重要的是测试结论要经得起检验。

难点三：对广告创意进行测试，找到优质创意的设计方向

以目前的样本数据量，要对广告创意做数据分析是比较难的。需要确定广告定向后，开始批量做创意的测试，积累样本数据，不断完善创意画像的数学建模，为创意优化和设计提供一定的指导。

难点四：提升日均消费，降低转化成本

前面都是铺垫，现在才是最核心的，根据广告主的 KPI 考核要求，在日均消费 10000 元和平均转化成本不超过 30 元两方面都要达标。

5.4.3 优化思路

第一步，优化账户结构。将目前的 10 个推广计划缩减为 2 个。推广单元按照广告定向划分，并设计用于新创意测试的广告单元。

第二步，梳理目前投放创意的转化数据，挑选比较有代表性的创意，作为测试广告定向的创意。

第三步，通过推广单元的广告定向设置，设计多组对广告定向的测试。待样本数据积累到一定程度，通过显著性检验，得出转化效果较优的广告定向组合。

第四步，以上一步确定的广告定向，批量进行广告创意测试，密切关注数据，通过显著性检验，保留转化效果较好的创意。

第五步，根据受众画像数据，基于朴素贝叶斯算法，进一步优化广告定向。

第六步，待创意的样本数据积累到一定程度，尝试通过创意画像数学建模，寻找优质创意的设计方向。

5.4.4 优化执行

第一步

优化后的账户结构如表 5-8 所示，分为新计划 1 和新计划 2，新计划 1 主要测试性别、年龄、操作系统等常规定向，新计划 2 则是测试兴趣偏好等高级定向。需要说明的是，兴趣偏好有几十种，这里只列举了 4 项。

表 5-8　优化后的账户结构

推广计划	推广单元	广告定向
新计划 1	定向测试 1- 性别 - 男	性别：男
新计划 1	定向测试 1- 性别 - 女	性别：女
新计划 1	定向测试 2- 年龄 -25-29 岁	年龄：25-29 岁
新计划 1	定向测试 2- 年龄 -30-34 岁	年龄：30-34 岁
新计划 1	定向测试 2- 年龄 -35-39 岁	年龄：35-39 岁
新计划 1	定向测试 2- 年龄 -40 岁及以上	年龄：40 岁及以上
新计划 1	定向测试 3- 操作系统 -Android	操作系统：Android
新计划 1	定向测试 3- 操作系统 -iOS	操作系统：iOS
新计划 2	定向测试 4- 兴趣 - 餐饮美食	兴趣：餐饮美食
新计划 2	定向测试 4- 兴趣 - 科技数码	兴趣：科技数码
新计划 2	定向测试 4- 兴趣 - 金融理财	兴趣：金融理财
新计划 2	定向测试 4- 兴趣 - 文化娱乐	兴趣：文化娱乐

第二步

梳理目前投放创意的转化数据，以表 5-9 中随机挑选的 5 套创意为例，讲解一下如何筛选出比较有代表性的广告创意。首先看这些创意的流量规模，可知在 CPC 差别不大的情况下，创意 D 和 E 的展现和点击明显较低，如果用于测试广告定向容易影响测试效率。再看剩下的创意 A、创意 B 和创意 C，流量规模差不多，相较于账户整体点击率 2.3% 和注册转化率 6.9%，创意 A 的点击率和注册转化率明显较高，所以也没有那么合适。因此，在这几套创意中，B 和 C 是比较适合用于广告定向测试的。

表 5-9　典型广告创意的投放数据

创意名	创意	展现	点击	CTR（%）	消费	注册	注册转化率（%）
A	50秒申请！30分钟放款！30天免息！借钱我推荐信用钱包~	21 261	862	4.05	1809	79	9.2
B	在这里借钱,30天免息，手机号还可领取388元红包~~	22 834	581	2.54	1157	41	7.1

（续）

创意名	创意	展现	点击	CTR（%）	消费	注册	注册转化率（%）
C	50秒申请，快至30分钟到账，30天免息，借钱我就推荐它	33 342	888	2.66	1847	63	7.1
D	还在找借贷公司？别人都用手机申请贷款，快至30分钟到账~	5550	136	2.45	263	18	13.2
E	手机号可以借钱？快来看看你能借多少~	9697	216	2.23	461	27	12.5

第三步

用第二步筛选出的广告创意，在新账户结构的各推广单元上线，每一个推广单元下面的创意、出价等都是一样的，形成对各广告定向维度的测试组。表 5-10 是新计划 1 各推广单元的投放数据及显著性检验结果，根据 p 值可初步得出下面的结论。

对性别的广告定向测试数据显示，男性用户的点击率显著高于女性用户，注册转化率二者无显著差别，所以男性和女性都可以投放，针对男性用户的出价可以略高一点。

对年龄的广告定向测试数据显示，35～39 岁、40 岁以上流量较小，暂时先不考虑作为目标受众进行投放。25～29 岁和 30～34 岁用户的点击率无显著差异，但前者的注册转化率显著更高。所以，考虑将年龄限定为 25～29 岁。

对操作系统的广告定向测试数据显示，比起 iOS 手机用户，Android 手机用户的点击率、注册转化率都显著更高。所以，应将操作系统定向为 Android。

表 5-10 新计划 1 各推广单元的投放数据及显著性检验结果

推广单元	展现	点击	CTR（%）	p 值	注册	注册转化率（%）	p 值
定向测试 1- 性别 - 男	34 765	1086	3.12	0.035	98	9.0	0.063
定向测试 1- 性别 - 女	32 371	934	2.89		67	7.2	
定向测试 2- 年龄 -25-29 岁	28 604	987	3.45	0.120	101	10.2	0.043
定向测试 2- 年龄 -30-34 岁	27 963	915	3.27		73	8.0	
定向测试 2- 年龄 -35-39 岁	10 985	214	1.95	—	26	12.1	—
定向测试 2- 年龄 -40 岁及以上	8543	125	1.46		13	10.4	

（续）

推广单元	展现	点击	CTR（%）	p 值	注册	注册转化率（%）	p 值
定向测试 3- 操作系统 -Android	30 667	1022	3.33	0.014	83	8.1	0.038
定向测试 3- 操作系统 -iOS	26 082	785	3.01		47	6.0	

新计划 2 的各推广单元也进行这样的分析，确定广告定向。至此，我们确定哪些广告定向更有利于实现广告效果，保留相关的推广单元，其他推广单元暂时停止。需要强调的是，目前做的广告定向都是单一维度的，比如定向男性、定向 Android 系统等。

第四步

开始进行批量的创意测试，因为 CPC 成本控制在不超过 2 元，平均注册成本的考核要求是不超过 30 元，优化前的账户整体注册转化率为 6.9%，因此将 7% 的注册转化率作为创意测试的最低标准。同时，注册转化率越高的创意，可以承受的 CPC 成本也越高，相对带来的流量也越多。

如表 5-11 所示是随机选取的 5 套参加测试的新创意投放数据，由对比 7% 转化率的 p 值可知，仅有创意 F 和 G 的注册转化率显著高于 7% 的，故在 CPC 出价上可以适当上调 10%-20%；而创意 H 的注册转化率虽然偏低一点，但是在 CPC 不超过 2 元的情况下也可以继续投放。至于，创意 I 和 J 就需要看注册成本，计算之后发现注册成本略高于 30 元，可以考虑下调 CPC 出价，来压低成本。

表 5-11 部分参与新创意测试的广告创意投放数据

创意名	创意	点击	广告消费	CPC	注册	注册转化率（%）	对比 7% 转化率的 p 值
F	手头紧，急用钱，找信用钱包，只需3步，就拿钱。	1294	2492	1.93	121	9.4	0.016
G	贷款申请只需3步，1分钟申请，10分钟到账	1118	2201	1.97	100	8.9	0.043
H	该交房租了工资没开怎么办？上午申请，下午拿钱！	1164	2304	1.98	97	8.3	0.106

（续）

创意名	创意	点击	广告消费	CPC	注册	注册转化率（%）	对比 7% 转化率的 p 值
I		1202	2338	1.95	75	6.2	—
J		1143	2216	1.94	68	5.9	—

第五步

在开始这一步之前，要确保账户积累了足够多的样本数据，根据受众画像数据，基于朴素贝叶斯算法，进一步优化广告定向。我们以推广单元"定向测试 3- 操作系统 -Android"的受众画像数据为例，看看是否能在 Android 用户基础上将定向进一步收窄，提高投放精准性。如表 5-12 所示是该推广单元的投放数据，广告定向的维度比较丰富，这里只选取了我们比较关注的性别、年龄和兴趣共三类。总共 7424 次点击，代表 7424 个样本，其中 529 个样本有转化，转化率为 7.1%。

表 5-12　定向 Android 用户的受众画像数据及转化数据分布

转化	分布
1	6895
0	529

性别	转化 =1	转化 =0
男	3657	335
女	3238	194

年龄	转化 =1	转化 =0
18 ~ 24 岁	1025	67
25 ~ 29 岁	1863	186
30 ~ 34 岁	1741	158
35 ~ 39 岁	1309	73
40 岁及以上	957	45

兴趣分类	转化 =1	转化 =0
游戏	421	31
家装百货	378	29
金融理财	422	41
教育培训	317	24
旅游出行	376	31
服饰箱包	308	23
汽车	333	23
美容美妆	437	32
房产	321	23
餐饮美食	481	38
母婴儿童	463	39
科技数码	425	38
体育运动	419	32
生活服务	361	28
医疗健康	480	28
法律服务	194	16
文化娱乐	437	38
商务服务	322	15

在开始做朴素贝叶斯计算之前，我们先要确定各广告定向维度的重要性，即该广告定向维度下的不同值对转化是否有显著影响。这里介绍一个比较通用的算法，用于评估所有可能的输入字段（即广告定向维度）对输出字段（即是否转化）的重要性。表 5-13 是对"性别"这一字段的重要性计算。

表 5-13 "性别"的字段重要性计算

字段重要性	性别	0			1			Attribute ValueImportance
		Frequency	Support	Confidence	Frequency	Support	Confidence	
0.1124	男	3657	53.0%	45.6%	335	63.3%	54.4%	0.0512
	女	3238	47.0%	56.2%	194	36.7%	43.8%	0.0612

具体计算公式如表 5-14 所示。其中，Frequency 是样本量，Support 是样本量的占比分布，Confidence 和 Attribute ValueImportance 则是多次计算的结果，ABS 是算绝对值的函数，最终字段重要性为 Attribute ValueImportance 的求和。

表 5-14 "性别"的字段重要性计算公式

	A	B	C	D	E	F	G	H	I
1	字段重要性	性别	0			1			Attribute ValueImportance
2			Frequency	Support	Confidence	Frequency	Support	Confidence	
3		男	3657	=C3/SUM(C$3:C$4)	=D3/(D3+G3)	335	=F3/SUM(F$3:F$4)	=G3/(D3+G3)	=ABS(E3-H3)*(C3+F3)/6895
4	=I3+I4	女	3238	=C4/SUM(C$3:C$4)	=D4/(D4+G4)	194	=F4/SUM(F$3:F$4)	=G4/(D4+G4)	=ABS(E4-H4)*(C4+F4)/6895

根据经验，字段重要性要大于 0.1 才考虑纳入算法模型。"性别"字段重要性计算结果为 0.1124，"年龄"字段重要性计算结果为 0.1412，而"兴趣分类"字段重要性计算结果为 0.0558。

考虑到"兴趣分类"字段重要性偏低，每一项兴趣的样本量最大也不到 500，缺乏数据代表性，暂时先不考虑对"兴趣分类"做进一步定向优化。

如表 5-15 所示，是在 Android 定向基础上对性别、年龄的广告定向组合的转化率估算结果。按照转化率 7% 的标准来看，"Android & 男 & 25～29 岁"和"Android & 男 & 30-34 岁"这两个定向组合表现较好，可以建立新的推广单元进行测试；其次"Android & 男 & 18～24 岁"和"Android & 女 & 25～29 岁"达到平均水平，根据推广需求也可以考虑使用。

表 5-15 各广告定向组合的转化可能性估算结果

广告定向 X	P(转化 ="1" | X)	P(转化 ="0" | X)
Android & 男 & 18 ~ 24 岁	7.2%	92.8%
Android & 男 & 25 ~ 29 岁	10.7%	89.3%
Android & 男 & 30 ~ 34 岁	9.8%	90.2%
Android & 男 & 35 ~ 39 岁	6.2%	93.8%
Android & 男 & 40 岁及以上	5.3%	94.7%
Android & 女 & 18 ~ 24 岁	4.9%	95.1%
Android & 女 & 25 ~ 29 岁	7.2%	92.8%
Android & 女 & 30 ~ 34 岁	6.6%	93.4%
Android & 女 & 35 ~ 39 岁	4.2%	95.8%
Android & 女 & 40 岁及以上	3.5%	96.5%

第六步

在进行这一步之前,要保证样本数据的积累,我们以每两天上一批创意,每批 4 ~ 5 套创意的频率进行测试,差不多两个月共积累了 200 多套创意。如表 5-16 是选取的一部分广告创意,依据 5.3.3 节所讲的内容,我们将广告创意从图片主要素、图片主色调、文案关键词、文案核心利益痛点等多个维度进行定量化,最后根据转化率平均水平划分为两类,分别是高转化率、一般转化率。

可以看到,在表 5-16 的 5 套创意中,有 3 套创意属于高转化率。初步来看,共同特质有主色调为红色,强调 App 与其他行业竞品的优势等。当然,要得出更经得起推敲的结论,还需要对更大样本做数据分析。

表 5-16 部分广告创意的定量化分析

创意	图片主元素	图片主色调	文案关键词	文案核心利益	创意模板	圈定目标受众	点击转化率
用信用钱包借50000分期,还能比信用卡省下近600块!	贷款申请流程	红	信用卡、省钱	功能利益	制造竞争(对比信用卡)	无	6.6% 一般
在{地点}缺钱?不用申请信用卡,可申请借款高达5万	贷款申请流程	红	信用卡、额度	功能利益	制造竞争(对比信用卡)	强调地点	9.1% 高

（续）

创　意	图片主元素	图片主色调	文案关键词	文案核心利益	创意模板	圈定目标受众	点击转化率
最高50000额度，手机1分钟申请，快至10分钟到账！	真人、贷款申请流程	灰	额度、X秒申请、X分钟到账	功能利益	互动试验	无	7.3%一般
50秒申请！30分钟放款！30天免息！	真人使用App实拍	白	X秒申请 X分钟放款 X天免息	功能利益	互动试验	无	8.5%高
不在为借钱烦恼，50秒申请，快至30分钟到账	贷款全流程	红	X分钟到账	功能利益	制造竞争（对比借贷公司）	无	9.7%高

5.4.5　效果评估

这里展示了着手优化后3个月的数据情况，图5-13是账户广告消费和平均注册成本的趋势。最开始的两三周，因为对广告定向进行测试，广告消费不断提高，平均注册成本波动较大；7月份开始，广告定向已经确定，开始对广告创意进行测试，广告消费稳定在8000多，平均注册成本的波动幅度减小；8月中旬及以后，得益于广告定向的进一步优化，以及优质创意有一定的方向可循，日均广告消费提升至10000元，平均注册成本稳定在25～27元。

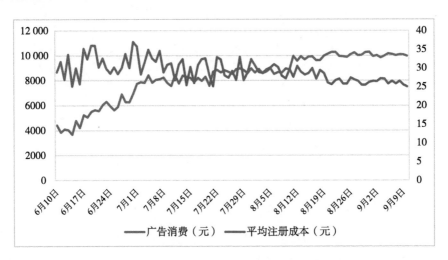

图5-13　账户广告消费和平均注册成本的趋势

总的来说，这个项目难度不小，涉及账户结构的大调整，导致优化周期相对较长，希望大家从中有所收获。

5.5 本章小结

信息流广告优化在业内属于比较新的领域，从业者们遇到的很多问题也是新出现的、没有先例可循的，包括广告定向的数据分析、广告创意定量化等。在本章中，我选取了几个比较有代表性的问题进行深入的分析，结合自己的从业经验，借助科学的统计分析方法论，给出解决方案，希望能对大家的优化工作有所启发。

在信息流广告优化中，有时哪怕明确了问题，也使用了正确的分析方法，结果也不一定每次都理想，这是很正常的，毕竟有太多不可量化的影响因素。我们不必过于在乎一次两次的优化成功与否，我们要做的是不断总结经验，提升对广告数据的分析和洞察能力，在更长的周期内收获成长。

第 6 章 Chapter 6

应用商店广告数据分析

本章主要围绕应用商店这一广告渠道的数据分析进行全方位的讲解，首先从更宏观的角度认识应用商店作为媒体的特点，接着对现在应用商店广告优化的痛点和难点逐一进行梳理，有针对性地提供基于数据分析的解决思路，为读者提供一定的参考和借鉴。需要说明的是，本书所介绍的应用商店仅限安卓应用商店，苹果的 ASO 推广属于另一套方法论，不在本书的介绍范围。

6.1 认识应用商店广告

6.1.1 应用商店广告的发展现状

手机应用商店，又名手机软件商店，是 2009 年由苹果公司提出的概念。应用商店诞生的初衷，是为智能手机用户提供安装各类 App 的服务，帮助其在手机上完成更多的工作和娱乐。对用户来说，安装 App 是刚需，几乎所有的智能手机用户都在使用至少一个应用商店，数以亿计的用户规模奠定了应用商店作为媒体的流量基础。

从本质上看，手机应用商店也是一种 App，和我们平时用的微信、今日头条类似。月活跃用户数、日活跃用户数、用户使用次数和时长等评估 App 的指标，对于应用商店依然是适用的。只不过,应用商店提供的是工具类服务,大多数用户已经有了比较明确的需求,用完即走。此时,我们对这一媒体的关注重点应放在应用商店能覆盖的用户规模和用户画像等方面。

移动互联网行业发展至今,安卓应用商店的竞争格局大致可分为两大阵营:第三方应用商店和厂商应用商店。

图 6-1 第三方应用商店和手机厂商应用商店典型代表

1. 第三方应用商店

如图 6-1 所示,第三方应用商店以应用宝、百度手机助手、360 手机助手、豌豆荚等为主,它们占据先发优势,对早期的行业发展做出了一定的贡献,包括应用分发的规则设计、创新玩法等方面。

第三方应用商店有几大独特优势:

一是第三方应用商店背后多是大媒体方,例如应用宝是腾讯旗下的、百度手机助手是百度旗下的,在用户规模、用户行为数据、广告系统等方面有着扎实积累和资源支持。

二是应用商店作为大媒体旗下广告资源的一部分,可以与其他广告资源实现协同,搭建营销闭环,满足广告主的整合营销需求。

2. 手机厂商应用商店

接下来介绍手机厂商应用商店。如图6-1所示，手机厂商应用商店以小米应用商店、华为应用市场、OPPO软件商店、vivo应用商店等为主。小米、华为这些本来是传统的硬件企业，对应用商店广告这一流量生意反应略慢，不过反应过来后发展非常迅速，依靠硬件和操作系统捆绑，获得上亿的用户量。

手机厂商应用商店同样具有第三方无可比拟的优势：

一是系统层面的优势。应用商店App是手机厂商预装的，且不可卸载，对于渠道流量的稳定和活跃起到重要的作用。同时，手机厂商应用商店对其他推广渠道会有一定的流量拦截行为，包括第三方应用商店、信息流广告等。以华为应用市场为例，如图6-2所示，当用户在华为应用市场之外的渠道安装App时，系统会提示"该应用安装来源未告知应用是否符合《华为终端质量检测和安全审查标准》"，引导用户点击下方的"华为应用市场安装"，用户点击之后会跳转到华为应用市场。手机厂商应用商店的流量拦截会导致各渠道包之间的数据统计出现偏差，给我们的数据分析造成干扰。例如，我们在今日头条上做信息流广告推广某App，一位华为手机用户点击了广告，下载了App安装包，但在安装的时候收到华为应用市场的提示，出于规避可能风险的考虑，他跳转到了华为应用市场完成安装，这就导致我们的这次信息流广告虽然花了钱但没有完成转化，而华为应用市场却新增了1个自然流量。这种情况一旦增加，对各渠道的广告效果评估将形成很大的影响。目前还没有特别有效的解决方案，只能多做数据监控和分析。之所以在这里提出这个问题，是希望大家有这样一个意识，如果遇到类似情况不至于一头雾水。

二是品牌信任的优势。大多数用户都会使用手机自带的应用商店（即厂商应用商店），且对其品牌认知和信任度高于第三方应用商店。一方面是厂商对于自身手机品牌的广告宣传较多，各种各样的综艺赞助、线下广告就是很好的例子；另一方面是用户购买该品牌的手机时，已经表现出一定的品牌偏好，所以信任和使用手机自带的应用商店是很自然的事情。用户信任手机厂商应用商店，就会在有安装App的需求时第一时间想到它并使用，逐渐形成使用依赖。

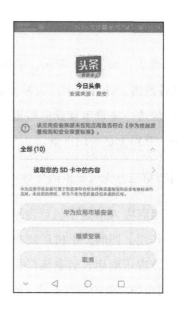

图 6-2　华为应用市场流量拦截的提示

三是用户数据的优势。手机厂商应用商店依托操作系统，理论上能获取用户对全部 App 的安装、使用、卸载等行为数据，分析出用户的潜在需求和兴趣偏好，在应用商店里进行千人千面的营销推广，提高用户转化的可能性。例如，一个用户最近安装并使用了网上银行类 App，说明用户有管理资金的需求，应用商店向其展示金融理财类 App 的广告，很大程度上能形成转化。

6.1.2　应用商店推广渠道的特点

应用商店作为应用分发最重要的渠道，具有以下几个特点。

一是用户场景契合，流量大，转化率较高。用户打开应用商店多是基于有较明确需求的，包括安装新应用、升级应用版本等。尤其在安装新应用的场景下，用户对应用商店广告的接受度较高。一般来说，App 推广的几大渠道（应用商店、SME、信息流）中，应用商店的流量将占到 30% ~ 50% 不等。如图 6-3 所示是某金融 App 在包括信息流、应用商店在内几大投放渠道的转化率数据，需要说明的是，广点通、今日头条的转化率是点击→注册转化率，OPPO 软件商店、百度手机助手等则是下载→注册转化率，二者直接对比不太合适，不过可以做一个参考。在这个案例中可以看到，手机厂商应用商店的转化率要略优于第三方应用商店。

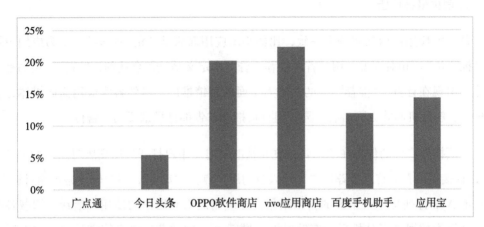

图 6-3　某金融 App 在多广告渠道的点击（下载）→注册转化率

二是曝光量大，用户粘性高。某些舍得在应用商店渠道上花钱的广告主，其应用的排名长期稳定在非常靠前的位置，如此一来，原本的效果广告在一定程度上也实现了品牌广告的效果。比如，抖音、拼多多等。

三是用户对广告的认知和辨识尚处于较低水平。应用商店广告是典型的"流量变现"生意，App 的竞价排名非常隐蔽，在"魏则西事件"发生之前，应用商店里几乎没有任何的"广告"标识，哪怕现在也非常少。同时，各种 App 榜单排名不是自然排名的结果，也不完全是竞价排名，相当于是在自然排名中插入的广告位，令普通用户难以辨别。用户感知不到这是广告，就不会有太强的抵触情绪，也不需要我们做太多的营销引导，转化效率较其他广告形式要好一点。

综上所述，安卓应用商店是每一个广告推广从业者，尤其是 App 推广，必须要掌握的推广渠道。同时，应用商店广告也是最难优化，应用商店广告数据也是最难分析的。究其原因，在于应用商店的广告优化天然具有一些限制，在 6.1.4 节中我将展开介绍。

6.1.3 应用商店的几大核心广告资源介绍

1. 首页推荐广告

每一家应用商店的叫法不一致，比如小米应用商店是"精品广告"，华为应用市场是"推荐位"。相对来说，用"首页推荐广告"来定义是比较合适的，"首页"指的是广告位置出现在首页，"推荐"指的是千人千面的营销推广。虽然各家应用商店媒体方在广告位、触发机制等方面略有差异，但首页推荐广告都是最重要的广告位。

首页推荐广告的优势在于广告位置和精准定向。用户打开应用商店时默认处于"首页"，直接就能看见首页推荐广告，感兴趣的用户点击"安装"，整个转化路径相对较短；首页的 App 排列是千人千面的营销结果，即应用商店对用户的使用、活跃、卸载各类 App 的行为数据进行分析后，有针对性地进行 App 的推荐，更可能满足用户的即时或潜在的需求。

首页推荐广告优化的重点主要有两方面：

一是广告点击率。为什么要关注广告点击率呢？因为首页推荐广告执行的是 CPD 竞价，广告的历史点击率和 CPD 出价的乘积确定了广告展现优先级，这也是我们经常能看到下载单价要略低于 CPD 出价的原因。所以，我们需要对首页推荐广告的点击率保持关注，它的正常波动范围是多少？高到多少算是明显偏高？低到什么程度才是明显偏低？这样我们对 CPD 的出价调控就有据可循了。当广告的历史点击率明显偏高时，我们可以适当下调出价，节约广告预算；而当广告的历史点击率明显偏低时，我们可以适当上调出价，抢占更靠前的位置，补充流量。当然这只是理论，具体的优化操作比这个要复杂，我们将在 6.4 案例部分进行讲解。

二是时段出价调控。时段的差异性主要受到用户使用应用商店的行为偏好影响，根据历史数据来说，10 ~ 14 点、17 ~ 20 点这两个时段内的用户活跃度较高，在这些时段内要舍得出高一点的价。同时，时段的差异还会与用户使用目标推广 App 的场景有一定的关系。例如，相较于白天上班期间，用户晚上在家中的时候对休闲娱乐的需求较高，这时小说、游戏、视频类的 App 广告就更容易形成转化。

2. 搜索广告

搜索广告即用户在搜索框输入某类关键词所触发的广告。有的应用商店媒体方支持对不同关键词进行各自出价，有的应用商店则不支持。关键词与搜索广告的匹配程度，由多方面因素决定，最核心的有两个：一是应用商店媒体方给 App 打上的标签，比如华为应用市场给快手 App 的标签包括"拍摄美化、社交、美女、短视频、搞笑等"；二是开发者上架 App 时提交的应用介绍，帮助用户在安装前了解到 App 的相关信息。

搜索广告优化重点主要在两方面：

一是提高关键词与搜索广告的匹配程度，争取获得更大的曝光机会和排名优先级。仔细检查应用商店媒体方给我们所要推广的 App 打上的标签，这个标签决定了你的同类竞品是哪些，如有必要可以申请修改。另外，应用介绍中尽可能使核心词多次出现。

二是 CPD 出价。推广人员可以向应用商店媒体方申请近一段时间的热词名单，有针对性地购买关键词和出价。一开始不宜投放过多关键词，建议分批测试广告效果，优胜劣汰，待词库稳定之后保持维护。

3. 装机必备

装机必备广告不是应用商店的标配，但也是能带来可观流量的广告位之一。装机必备广告位对 App 有一定的门槛，包括 App 知名度、累计下载量等。装机必备广告形式是向用户展示一堆 App 的图标供其挑选，选择安装的用户主要有两类：一类是对 App 本身有一定认知的，比如饿了么 App 是点外卖的，快手 App 是看短视频；另一类是新机用户，因为用的是新手机，需要批量安装自己需要的 App，装机必备的组合正好可以用上。

对于广告主来说，装机必备的流量只能作为补充，广告效果不算太好也不会太差，注意控制好成本就可以。如果预算有限，则可以优先考虑其他广告位。

4. 红包

红包属于应用商店推广中最典型的激励流量，本质上和市面上的积分墙推广渠道是一样的。大多数用户是为了获得红包激励而安装、使用 App，本身是没有实际需求的。我和几家应用商店媒体方的人沟通过，应用商店给予用户的激励是高于广告主的广告费用的，即红包资源对于媒体来说是不赚钱的。这种激励流量，对于媒体的价值更多在于提高用户活跃，毕竟花几分钟就能获得几毛到几元不等的收入，对于很多普通用户来说都是很有吸引力的。媒体方也会对激励流量的分发做一定的限制，避免"薅羊毛"的情况，也确保不会对主要的付费流量造成不良的影响。

5. 排行榜

排行榜广告是比较特别的一类广告位。首先，它不完全是竞价排名的结果，也不是千人千面的营销推广；其次，CPD 出价与其排名没有直接相关性，哪怕你把出价提高了 50%，可能从排名上或者从数据上没有那么明显的反映。对于这类广告位，笔者的建议是，在广告预算充足的前提下，分出一部分，以最低的出价投放就好了，注意控制好成本。如果预算有限，可以优先考虑其他广告位。

6.1.4 应用商店广告数据分析痛点

笔者观察到，长久以来，业内对应用商店广告优化有一个误区，虽然大家对应用商店这一渠道的重要性已达成共识，但普遍情况下，并不会将过多的时间精力花费在应用商店广告优化上。原因众说纷纭，有的朋友认为应用商店广告优化可做的事情太少，广告效果不可控；有的朋友认为应用商店广告的效果不好评估，不宜投入过多预算。笔者作为国内最早一批对应用商店广告优化进行系统研究的从业者，总结了应用商店广告优化现存的几大痛点，力图为大家提供一些参考和借鉴。

1. 广告监测缺陷导致后端数据无法分拆

这主要是由两方面原因造成的：

一是以目前成熟应用的技术来说，App 的数据监测还是依赖渠道包，简单来说，就是将不同的 apk 安装包文件投放到不同的下载渠道，甲方广告主的数据平台可以获取各渠道的数据。所以，如果应用商店媒体方接受这种做法，就必须允许甲方在一个应用商店同时提交若干个渠道包，再按照不同的广告位将其分发出去。对于应用商店媒体方来说，增加了非必要的成本，在技术方面也提出了更高的要求。

二是应用商店作为媒体方，出于自身利益最大化的考量，更倾向于将优质、中等、劣质的各类广告资源放在一起打包销售，而不愿意让广告主能获悉每一类广告资源的真实投放数据。这里介绍的是普遍情况，当然也存在例外，比如应用宝就支持分包监测。

应用商店媒体方不支持广告主自己进行精细化的广告监测，将造成应用商店广告的后端数据无法拆分，这也是应用商店广告优化中最主要的痛点。

为方便后面的讲解，帮助大家更好的理解内容，这里需要对下载量进行准确的定义，务必谨记。在应用商店广告后台提供的数据中，下载量指的既不是下载开始，也不是下载完成，而是安装完成量，注意只是安装完成，还没有打开，首次打开就算是激活了。所以，应用商店广告的常规转化漏斗分析是：曝光→下载（安装）→激活（首次打开）→注册（新用户）/登录→特定行为（付费、购买或其他）。

理想的情况是，应用商店的广告监测能像 SEM 广告、信息流广告一样，每一个广告位（或称为最小广告资源）独立核算，在一个统计周期内的前端数据对应其后端数据，通过实现各广告位的局部优化，从而实现整体优化。可实际情况是，应用商店广告的广告位少则 3～5 类，多则 6～10 类，后端数据都是打包为一个整体，无法拆分的。如表 6-1 所示，投放的广告位包括精品广告、装机必备、搜索广告等五大类，再加上自然下载量，但后端数据仅提供了总激活量和总新用户量，无法对应到具体哪一类广告贡献了多少激活、多少新用户。这样一来，之前在 SEM 广告、信息流广告上常用的数据分析方法就显得捉襟见肘。

总而言之，每一个广告位无法独立核算其广告效果，就无法通过应用商店广告渠道各局部的优化，实现整体广告效果的优化。在可预期的 2～3 年内，应用商店依旧是应用分发的最重要阵地，强势如斯，广告监测缺陷导致后端数据无法拆分的情况或将继续存在。

表 6-1　某 App 在小米应用商店的下载量和转化量数据

日期	精品广告	装机必备	搜索广告	排行榜	红包广告	自然下载量	总下载量	总激活量	总新用户量
12月1日	22 373	11 905	9981	535	3247	40 964	118 066	26 859	7903
12月2日	20 684	10 508	8059	482	2505	35 330	90 723	23 682	7804
12月3日	19 118	11 307	6363	440	1655	30 928	78 442	22 317	7570
12月4日	18 640	9171	7166	489	1881	30 537	79 213	21 104	6794
12月5日	18 074	7995	6713	428	2232	30 353	78 245	19 830	6481
12月6日	14 712	9551	5643	507	1244	29 799	74 280	18 703	6103
12月7日	12 970	11 906	4947	453	2201	26 897	71 092	16 629	4665

2. 与线下推广效果混淆

最近两年，受到线上流量成本快速上涨、流量数据存在造假等各方面因素影响，很多广告主又开始重视线下广告，根据 CTR 媒介智讯发布的《2018 年中国广告市场回顾》数据，2018 年楼宇广告高景气度延续，电梯电视、电梯海报的刊例收入同比上升 23.4%、24.9%，同比增速上升 3.0、6.1 个百分点。从广告主来看，楼宇广告更加受到互联网企业的青睐，电商、汽车类投放量大幅增长。

在 App 的线下推广中，广告数据统计和效果评估依然是一个问题。虽然有的广告中会放置二维码，引导用户下载安装，但由于广告的播放时间较短、用户有自己的 App 安装习惯等，能被统计和监测到的用户占比非常低。对于大多数用户来说，线下广告的主要价值是对其品牌产生一定的认知，只有等到真正有了明确的需求，才会想起某品牌是提供相关产品或服务的，进而考虑是否要下载安装。对于广告主来说，要想抢占用户的"心智"，在用户有需求的时候想起自己，仅靠一两次的品牌宣传是远远不够的，相关研究表明，至少要 5~7 次的品牌广告宣传，用户才能产生较为稳定的品牌认知。而这么多次的品牌曝光，可能分布在不同时间、不同场景。例如，一个用户出门上班，在地铁里看到了某求职招聘 App 的广告，在写字楼等电梯时继续看到了这个广告，中午订外卖抢红包优惠时又一次看到这个广告，工作间隙看资讯时再次看到这个 App 的信息流广告，晚上打开应用商店更新软件时还会看到这个广告。五次广告曝光，分别在不同时间、不同场景，假如这个用户最终是在应用商店完成转化的，我们也不能否认前四次广告推广的作用和价值，但落实到具体的数据上是很难量化的。

固然大部分广告主可以接受线下广告是偏品牌类的，难以做到精确的广告数据监测和广告效果评估。但这种线下广告带来的主要流量会流到应用商店，而且时间分布上是较为分散、无规律可循的。此外，还有地推、线下活动等，对于本就混乱的应用商店广告数据分析，无疑是雪上加霜。如图6-4所示是某App在小米应用商店一个月的自然下载量趋势，实线是自然量（下载量）数据，虚线是自然量占到全部下载量的占比；我们可以看到，自然量（下载量）呈现较大幅度的波动，日下载量的低谷能到13 000～15 000，高峰能到25 000～28 000，相差近一倍，究竟是什么因素导致自然量增加或减少，原因很难解释清楚；相对来说，自然量下载量的占比较为稳定，中后期一直在35%～40%之间。

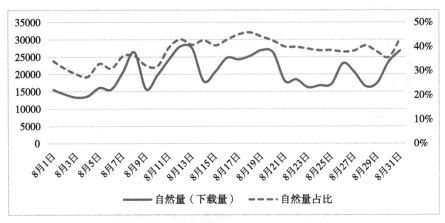

图 6-4 某 App 在小米应用商店的自然下载量趋势

3. 不提价，难放量

提高 CPD（每次下载的成本）出价已经成为应用商店渠道放量最常用且有效的手段，这是由应用商店广告本身属性所决定的，也是众多广告优化从业者的无奈之举。应用商店的几大主流广告位，包括首页推荐广告、搜索广告等，我们能调控的主要是 CPD 出价和时段，图片和文案都是固定不变的。搜索广告可能好一点，有些应用商店支持对不同关键词进行出价，但和 SEM 广告相比还是太简陋了。

因此，通过调控 CPD 出价实现应用商店广告优化，主要有以下两个思路：

（1）调控单个广告位的 CPD 出价

如图 6-5 所示，某 App 的首页推荐广告的下载量与下载单价之间呈现出一定的正相关关系，即下载单价越高，下载量越大。请注意，这里横坐标使用的是下载单价，而非 CPD 出价。类似于 SEM 广告中的关键词出价和 CPC（每次点击成本），这里的下载单价也是受到 CTR（点击率）影响的，一般略低于 CPD 出价，两者非常接近，对于数据分析来说，下载单价能提供包括点击率在内的更多细节。

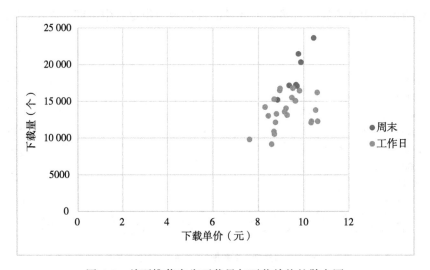

图 6-5　首页推荐广告下载量与下载单价的散点图

此外，我们还可以挖掘更多有价值的信息。这里将周末和工作日做了区分，大家可以看到，在差不多的下载单价（即 CPD 出价是同样的）情况下，周末的下载量要稍微高一点。这只是从图表直接观测得到的初步判断，该洞察是否真实成立，还需要做进一步的数据分析，6.3.3 节会进行具体的介绍。

（2）调控时段的出价

如图 6-6 所示，我们选取了相邻的、流量大环境比较相似的四个统计周期，分别以 2 元、2.5 元、3 元和 3.5 元的 CPD 出价，观测某 App 装机必备广告在 24 小时时段内的下载量变化。统计周期的严格选取，是希望尽可能将其他因素的影响降到最低，实现对 CPD 这一单变量的控制。根据图表数据，我们可以看到：1 点 ~ 11 点这个时间段，出高价和出低价并无显著差异，流量都非常少；11点~14点午高峰时段，2.5元的CPD出价是性价比最高的；14点~18点这个时间段，如果需要放量，可以考虑出到3.5元，否则2.5元是比较合适的；18点~24点，出价2元就可以了；0点~1点的凌晨时段，看投放需求，出高价确实有比较明显的流量增长，不过1点之后要记得回调出价。

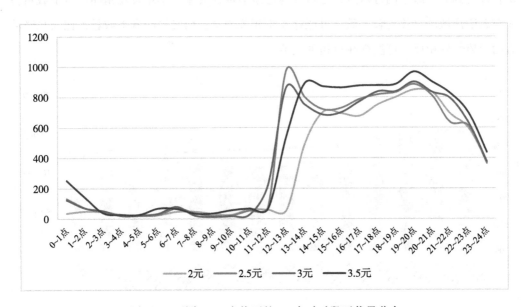

图 6-6　不同 CPD 出价下的 24 小时时段下载量分布

需要强调的是，这里的数据分析及结论仅限于这个案例的范围，如果换了新的案例，需要做新的数据分析，切不可生搬硬套。

业内大多数优化从业者都只在"调控单个广告位的 CPD 出价"上花心思，还有一部分人会同时兼顾"调控单个广告位的 CPD 出价"和"调控时段出价"，但在实操上存在一定的问题，下文会说到。除此之外，还有一种优化的思路，即"调控各广告位的配比"，可能有的人尝试过分析，但不容易取得实质性进展，原因如前文所述，受各方面的限制，应用商店广告监测比较粗糙，不能提供精细化的后端数据作为参考。不过没关系，下面我将应用前面章节所学的图表和数据分析方法，提供一种新的优化思路，可能达不到绝对的精确，但也能为我们的广告数据分析和效果优化提供有价值的洞察。

（3）调控各广告位的配比

如图 6-7 所示，以某 App 在小米应用商店的投放数据为例，选取了总下载量相对比较稳定的两周为统计周期，可以看到，精品广告、装机必备广告和自然量这三类推广资源合计占到总下载量的近八成，分析其与总激活数的关系，不难发现精品广告下载量占比与总激活数的趋势比较一致，可能存在正相关关系；而装机必备下载量占比与总激活数的趋势恰好相反，可能存在负相关关系。

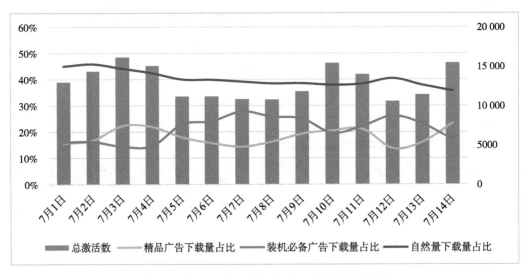

图 6-7　各广告位下载量占比与总激活数的关系

为了得出更准确的结论，我们需要进行进一步的数据分析。如表 6-2 所示，我们用 Excel 计算几个变量之间的相关系数，结果显示：精品广告下载量占比和总激活数呈高度正相关，装机必备广告下载量与总激活数呈高度负相关。所以，适当降低装机必备广告下载量的占比，将腾挪出的广告预算加在精品广告上，提高其下载量占比，对于提升整体总激活数是有明显作用的。另外再次强调，这里的数据分析及结论仅限于这个案例的范围。

总的来说，对广告数据分析和效果优化而言，转化量和转化成本的对立关系永远是一个永恒的命题。能承受更高的转化成本，自然能获得更多的转化量。提高出价对于放量的意义已经阐述到位了，但还存在很多操作上的细节，比如，什么时候应该提价？提价多少才是性价比最高的？出价已经到极限了还能怎么放量？这些问题，我将在后面的章节中给出答案。

表 6-2　各广告位下载量占比与总激活数的相关系数

	精品广告下载量占比	装机必备广告下载量占比	自然量下载量占比	总激活数
精品广告下载量占比	1			
装机必备广告下载量占比	−0.6231	1		
自然量下载量占比	−0.1602	−0.5436	1	
总激活数	0.8342	−0.8672	0.2285	1

6.2　应用商店广告数据分析关键指标解读

6.2.1　自然量

1. 自然量难以测算的原因

自然量和推广量的关系，可能很多朋友隐隐约约意识到了，但少有人能真正将二者分拆清楚并做精细化的数据分析。原因比较复杂，下面我从不同角度来分析：

作为甲方负责渠道投放的员工，很多人没有这个意识，有意识的也不一定能顺利拿到数据。要计算自然量，需要同时知道总下载量和推广量下载量，广告后台账号没有问题，但涉及到开发者账户的权限，很大可能是跨部门的沟通，比如产品部门等。另外，出于自身利益相关的考虑，自然量的转化率较好，甲方的渠道运营人员不太希望将自然量这部分数据拆出来，一旦拆分清楚，基本上目前的转化成本都是被低估的，实际推广效果要更差一些。

作为乙方的优化师，工作职责要求他们关注各类广告资源的投放情况，大家对广告后台很熟悉，但对于开发者后台是比较陌生的，没有意识到自然量对整体广告效果的影响。哪怕意识到了，也需要协调甲方的人员去获取数据，结果往往不理想。

作为媒体方，开发者平台和广告推广平台是两个不同的团队，各自的工作职责和

KPI 不同，前者更关心怎么服务好开发者和用户，做大应用分发量，后者更关心各类广告资源的商业变现。又因为平台之间数据是没有打通的，只有同时拿到两个平台的数据才能计算出准确的自然量。

综上，自然量是一个很重要但又容易被大家忽视的数据。

那么自然量到底是什么？它如何统计并支持我们的数据分析和效果优化？

2. 自然量的定义

自然量，也可以称为免费流量，是区别于推广量（也作付费流量）而言的。

这里存在这样一个假设，把一个正常投放的应用商店广告账户暂停一整天，如此一来当天的推广量为 0，获取的流量全部为自然量。不仅包括自然量带来的下载量，还包括后续的激活和注册。需要说明的是，存有用户在前一天下载安装，但是次日才激活注册的情况，忽略不计。

请注意，有的朋友把自然量理解为 App 在没有做付费推广前的流量，这种思路存在一定的问题。接下来我会讲到，付费推广对于自然量是有一定影响的，这种影响有正有负，很难定量化。所以，建议以正常推广期间作为统计周期，更接近自然量真实的情况。

自然量的统计其实不复杂。一个 App 在某应用商店上架，就会有对应的开发者后台，可以查到每天的下载量数据，一般来说，开发者后台至少会提供这三个指标：日下载总量、日下载量、日更新量。我们需要的是"日下载量"，即新安装量，不包括更新应用这种情况。同时，已经做了付费推广的 App，从应用商店广告后台可以拿到总推广量下载量。

拿到这两个核心数据后，我们就可以计算自然量下载量的绝对值了。下面我分几种情况讨论：

（1）常规的情况

自然量下载量 = 开发者后台的非更新下载量 – 应用商店广告后台的总下载量

(2) 同时投放了信息流广告资源的情况

自然量下载量 = 开发者后台的非更新下载量 − (应用商店广告后台的总下载量 − 信息流广告的下载量)

或

自然量下载量 = 开发者后台的非更新下载量 − 应用商店内各类广告位的下载量合计

(3) 同时投放了非标广告资源的情况

"非标"广告资源,即非标准化广告资源,是指无法在应用商店广告后台自助出价投放,必须提前和媒体方申请采购和排期的一类广告资源,一般按 CPT(Cost Per Time 按时间收费)结算,最小单位是天。例如,买断首页推荐广告的第 X 个位置一整天;某个 Banner(条幅广告)大图广告位等。由于"非标"广告资源是不支持在应用商店广告后台投放的,其下载量等相关数据也就不在广告后台的统计范围内;而应用商店媒体方一般不支持分包监测,"非标"资源用的 apk 安装包还是同一个,其下载量等相关数据反而会在开发者后台的数据中体现。"非标"广告资源投放完成后,媒体方会给到广告主一份结算单,上面会有下载量等相关数据,不过可能会略微延迟一两个工作日。

因此,这种情况下,自然量下载量的计算过程为:

自然量下载量 = (开发者后台的非更新下载量 − "非标"广告资源的下载量) − 应用商店广告后台的总下载量

3. 自然量的流量特点

自然量包括从下载到激活注册的全过程,有其自身独特的属性。但限于数据获取和分析可能性,我们重点关注的是自然量下载量。下面介绍自然量下载量的几个特点:

(1) 不做付费推广也会有自然量下载量,其用户转化率较好。

这一点应该很容易理解,用户不是因为应用商店的广告,而是主动搜索和安装使用。不排除用户在其他时间和场景已经被"营销触达"的可能,比如线下广告、信息流广告、地推活动等，只是习惯在应用商店安装 App，所以成了"流量收口"，但无论如何，用户已经对该 App 有一定认知，转化效率也要高一点。

（2）自然量下载量的稳定性不可控，波动性难归因。

不可控主要是指影响自然量下载量的因素比较多，包括（1）中提到的各类"营销触达"，还包括 App 的标签、应用介绍等。这些影响因素是很难定量化的，这就导致自然量下载量发生了较大幅度的波动，也很难找到具体的原因。

（3）自然量下载量在一定程度上受推广量下载量的影响。

如图 6-8 所示，当 CPD 出价较低的时候，自然量下载量是小幅波动的，推广量下载量因为出价过低没有展现所以为 0；随着 CPD 出价的提高，自然量下载量由小幅波动呈现波动上升的趋势，最终趋于一个临界点；而推广量下载量呈现快速上升后增长放缓，最终趋于饱和水平，可以理解为 CPD 出价已经足够高，将所有广告位都占据了最前或最好的位置，推广量已经达到极限了。

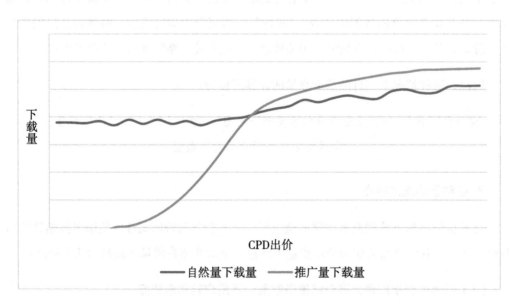

图 6-8 自然量下载量、推广量下载量和 CPD 出价的关系

（4）用户转化路径比较模糊。

在做应用商店广告数据分析过程中，我们发现，自然量和搜索广告的流量存在边界界定不清的情况。换句话说，用户在什么情况下安装才算是自然量下载量，什么情况算是推广量中的搜索广告下载量？笔者曾就这个问题多次询问过华为、小米、OPPO 等应用商店媒体方的人员，但一直没有得到令人信服的准确答复。

这是一个很值得思考的问题。如果一个 App 没有做付费推广，那所有的用户转化都记为自然量，而做了付费推广后，一部分自然转化就有可能被计入搜索广告的流量。对于广告主来说，相当于为本来应该免费获取的流量进行了付费。呈现在数据上，自然量下载量和搜索广告下载量就可能是一定的负相关，这里先提出问题，在 6.4 的案例部分我们会用案例的数据进行校验。

回到应用商店广告数据分析，笔者建议将自然量单独拆分为独立的广告位，但转化率可以参考搜索广告的。

6.2.2 CPA

CPA（Cost Per Action），即每次行动成本。这个行动，可以根据数据分析需求再进行定义。对于应用商店广告优化来说，CPA 可以是激活成本，也可以是注册成本，是广告主评估推广渠道广告效果的重要指标。

如表 6-3 所示，我们以激活成本为例进行介绍，注册成本等同理类推。激活成本最简单的计算方式就是，广告消费和总激活量的比值。

但如何计算激活成本，将成为甲方广告主、乙方广告代理商、媒体方三者博弈的阵地。为什么这样说呢？如表 6-4 所示，我列举了三种激活成本的算法，供大家参考。

（1）算法一：对自然量不做拆分统计

这时的计算口径是：

$$激活成本 = 广告消费 / 总激活量$$

表 6-3　应用商店的激活成本计算

日期	自然量下载量	推广量下载量	总下载量	广告消费	总激活量	激活成本
12月1日	40 986	54 795	95 768	411 296	26 859	15.31
12月2日	35 393	42 327	77 588	299 354	23 682	12.64
12月3日	30 992	38 930	69 878	252 851	22 317	11.33
12月4日	30 581	37 365	67 976	251 028	21 104	11.89
12月5日	30 420	35 545	65 801	249 496	19 830	12.58
12月6日	29 836	31 711	61 524	220 632	18 703	11.80
12月7日	26 902	32 532	59 448	197 788	16 629	11.89

这个算法的问题在于，自然量带来的激活量没有分拆出来，分母总激活量被高估，激活成本被低估。将有利于媒体方、乙方广告代理商的 KPI 达成。但对于甲方，尤其是甲方管理层，应清醒地认识到，此时的激活成本是混杂自然量的结果，不能反映付费推广的真实广告效果。所以，如果确定激活成本用这样的算法，就不能完全以目标成本去考核媒体方和乙方。举个例子，广告主的目标成本是 20 元，而激活成本算出来是 18 元，乍一看达到要求了，但此时的激活成本是被低估的，剔除自然量后的付费流量的激活成本可能要明显高于 20 元。

表 6-4　应用商店的激活成本的三种算法

日期	自然量下载量	广告消费	总激活量	激活成本算法一	自然量历史日均激活量	激活成本算法二	自然量历史平均激活转化率	激活成本算法三
12月1日	40 986	411 296	26 859	15.31	12 000	27.68	37.0%	35.17
12月2日	35 393	299 354	23 682	12.64	12 000	25.63	37.0%	28.28
12月3日	30 992	252 851	22 317	11.33	12 000	24.51	37.0%	23.30
12月4日	30 581	251 028	21 104	11.89	12 000	27.57	37.0%	25.64
12月5日	30 420	249 496	19 830	12.58	12 000	31.86	37.0%	29.10
12月6日	29 836	220 632	18 703	11.80	12 000	32.92	37.0%	28.79
12月7日	26 902	197 788	16 629	11.89	12 000	42.73	37.0%	29.63

（2）算法二：根据自然量历史数据的日均激活量，在总激活量中予以剔除

这时的计算口径是：

激活成本 = 广告消费 / (总激活量 − 自然量历史日均激活量)

这个算法简单直观，它将自然量视为静态、稳定的流量，在一段统计周期内，以一个恒定的数作为其带来的激活量，比如表 6-4 中的 12000。对于甲方广告主来说比较有利，理解成本较低，也能按照比较高的标准来要求媒体方和广告代理商。毕竟自然量的历史日均激活量这一数据，只有甲方广告主知道。对于媒体方和乙方广告代理商来说，这种算法不太有利，要疲于应对因自然量大幅波动造成的数据变化。比如，表 6-5 所示，统计周期内，自然量实际激活量的平均值是 12146，与 12000 非常接近，但具体每一天都会有波动，造成一定的偏差。而根据算法二计算的激活成本与实际成本之间也会存在偏差。从数据来看，激活成本的偏差是被放大的，对于我们的广告数据分析工作造成严重的干扰。

表 6-5　自然量波动对应用商店的激活成本计算的影响

日期	广告消费	总激活量	自然量历史日均激活量	自然量实际激活量	偏差	激活成本算法二	激活成本实际	偏差
12月1日	411 296	26 859	12 000	13 545	-11.4%	27.68	30.89	-10.4%
12月2日	299 354	23 682	12 000	14 567	-17.6%	25.63	32.84	-22.0%
12月3日	252 851	22 317	12 000	11 678	2.8%	24.51	23.77	3.1%
12月4日	251 028	21 104	12 000	12 389	-3.1%	27.57	28.80	-4.3%
12月5日	249 496	19 830	12 000	11 046	8.6%	31.86	28.40	12.2%
12月6日	220 632	18 703	12 000	10 764	11.5%	32.92	27.79	18.4%
12月7日	197 788	16 629	12 000	11 031	8.8%	42.73	35.33	20.9%

（3）算法三：根据自然量历史数据的平均激活转化率，动态计算自然量的激活量，在总激活量中予以剔除

这时的计算口径是：

激活成本 = 广告消费 /（总激活量 − 自然量下载量 * 自然量历史平均激活转化率）

这是我个人觉得最科学合理的算法。更适用于广告主、媒体方、广告代理商三方高度信任的基础上，实事求是，就数据论数据，而不是"唯 KPI 论"。自然量的平均激活转化率可以根据没有做付费推广前的历史数据得出，或者根据算法模型进行估算，稍后在"6.3.2 线性回归分析"部分会做具体讲解。

我们对比一下三种算法的结果，算法三计算的激活成本趋势较为稳定，与算法一的结果比较一致，显著优化算法二的结果。所以，算法三在数据准确性、数据稳定性上都具有明显优势。

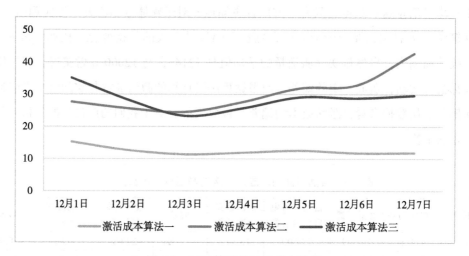

图 6-9　三种算法的激活成本趋势

无论最终确定哪种激活成本的算法，对于直接操盘应用商店广告优化的人员来说，都应该掌握算法三的计算方法，了解最真实的数据，更有利于达成既定的广告效果KPI。

6.2.3　ROI

ROI（Return On Investment），即投资回报率。这个数据指标是广告投放的核心所在，经常会听到甲方说"只要效果好，预算没有上限"之类的话，其背后的逻辑就在ROI。但据我观察，业内的朋友一般不关注这个，因为ROI的核算比较复杂，涉及运营的数据参与，那就是跨部门的沟通，甚至是部门间的利益博弈。所以，渠道运营部门的KPI往往被转化为目标成本，这个目标成本可能是公司管理层根据ROI数据转化的，也可能是凭经验、行情，亦或是顺应公司战略发展规划而强行摊派的。

在对多个推广渠道的广告效果进行评估对比时，建议引入ROI的考量，这个ROI不一定是广告主内部最终考核的指标，但一定要比目标成本更往后一步。

下面以某现金贷款 App 的应用商店推广为例,如图 6-9 所示是现金贷款 App 的用户转化流程,其中,应用商店广告优化常规关注的就到注册,包括注册量、注册成本,而真正决定广告 ROI 核算的环节还包括提交贷款申请、绑定银行卡、发放贷款。现金贷款行业广告主内部主要考核的是贷款发放量,因为坏账率是可控的,利息收入是可准确预估的,与投入的广告预算一比较,ROI 就很清楚了。从贷款发放量出发,往前反推。如果没有系统故障,绑定银行卡的用户一定会收到贷款。而提交贷款申请的用户,不一定能全部通过审核,用户转化在这个环节有较大的流失,但这个流失比例是由风控部门掌握的,对我们做广告优化的来说是不可控的。再往前推,注册用户提交贷款申请这个转化率很重要,可以作为评估渠道广告效果的重要参考。

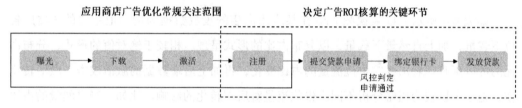

图 6-10 现金贷款 App 的用户转化流程

落实到具体的渠道广告效果考核,如表 6-6 所示,根据应用商店渠道整体的数据,ROI 核算转化为目标贷款申请成本,根据各渠道各自的注册→贷款申请转化率,将原本统一的目标注册成本进行调整。可以看到,应用宝渠道的转化率是明显高于平均水平的,所以目标注册成本可以上调至 37.3 元,涨幅为 6.5%,带动流量上涨可能是 3~4 个百分点,更重要的是给予广告优化人员发挥的空间更大了。对每一个渠道进行这样的目标成本调整,有利于更准确地评估各渠道的真实广告效果,通过各渠道间的统筹优化实现整体广告效果的优化。

表 6-6 根据 ROI 核算调整后的目标注册成本

渠道	注册→贷款申请转化率(%)	目标贷款申请成本	目标注册成本	调整后的目标注册成本
应用商店合计	88.3	40.0	35.0	—
应用宝	93.2	40.0	35.0	37.3
百度手机助手	83.2	40.0	35.0	33.3
小米应用商店	86.6	40.0	35.0	34.6
华为应用市场	90.5	40.0	35.0	36.2

这个案例是现金贷款行业的，核心是对用户转化流程的梳理，挖掘可以作为 ROI 核算参考的数据指标，在电商、网服、教育等行业也是适用的，希望大家能触类旁通，有所借鉴。

6.2.4 各广告位流量配比

各广告位的流量配比，在第 3 章及 6.1.4 节都有提及，在这里还要单独再进行阐述。如果问到应用商店广告数据分析最重要的数据指标，我认为是现在说的各广告位流量占比。它贯穿应用商店广告优化的全过程，充分考虑了自然流量和付费流量的关系，对于如何测算各广告位转化效果提供了数据基础。

如表 6-7 所示，以某视频 App 在某应用商店的投放数据为例，把主要的 3 类广告位下载量，加上自然量下载量，以分布占比的形式呈现。相较于绝对值的形式，分布占比的可以更直观看出各广告位流量的占比变化，再加上后端数据的激活成本、激活转化率，则在可以较为粗略分析不同广告位流量对后端转化的影响。比如，当自然量的占比较高时，激活成本较低，推测自然量的转化率可能较高，拉低了平均激活成本；当首页推荐广告的占比较高时，激活成本较高，推测精品广告的成本较高。

需要提醒的是，只有在总流量相对稳定的前提下，分析各部分的占比才有价值。

当然，这样的粗略分析，还称不上广告数据定量分析。在 6.3.1 节和 6.3.2 节将具体介绍如何评估各广告位流量对后端转化的影响程度，如果样本数据稳定，甚至可以估算出各广告位在统计周期内的转化率，解决应用商店广告数据分析中的一大痛点。

表 6-7 各广告位下载量占比与激活转化效果的关系

日 期	首页推荐广告（%）	装机必备（%）	搜索（%）	自然量（%）	合计（%）	激活成本	下载→激活转化率（%）
4月10日	27.8	23.1	12.1	34.8	97.9	12.28	32.1
4月11日	27.9	26.2	12.2	31.7	98.1	13.11	31.5
4月12日	30.8	25.9	12.1	29.3	98.1	13.85	31.7
4月13日	33.8	24.4	11.8	28.3	98.3	14.66	28.2
4月14日	36.2	15.5	13.4	33.7	98.9	10.31	39.8

(续)

日 期	首页推荐广告(%)	装机必备(%)	搜索(%)	自然量(%)	合计(%)	激活成本	下载→激活转化率(%)
4月15日	35.1	19.8	12.2	31.6	98.8	11.39	30.8
4月16日	22.4	16.9	11.3	36.7	87.4	10.51	26.5
4月17日	16.1	22.2	12.8	37.0	88.1	9.86	24.1
4月18日	21.2	32.4	12.3	32.9	98.9	8.39	31.3
4月19日	23.9	25.2	8.3	32.6	90.0	12.20	26.4
4月20日	25.8	16.3	7.5	40.3	89.9	11.80	27.7
4月21日	24.2	12.1	8.3	43.7	88.3	9.93	34.7
4月22日	23.7	12.3	13.0	41.5	90.4	10.38	32.3
4月23日	26.2	19.3	10.0	43.3	98.8	9.37	32.3

6.3 应用商店广告数据分析方法论

应用商店广告数据分析方法论主要涉及相关分析、线性回归分析、显著性检验分析等，具体的统计学原理在第 2 章中已做介绍，这里就直接应用到广告数据定量分析中了。在阅读过程中，如果大家遇到难以理解的理论或术语，建议自行回顾第 2 章的内容。

6.3.1 相关性分析

相关性分析是对两个或多个具备相关性的变量元素进行分析，从而衡量两个或多个变量之间的相关密切程度。这种相关密切程度即为同增同减的一致程度。表现在散点图上，就是原点排列成一条直线，分布在直线的两侧。

应用到应用商店广告数据分析中，则是通过对各广告位的下载量和总转化量（这里以注册量为例）做相关性分析，可以得到总注册量与每一类广告位流量的相关系数。结合用户转化路径可知，某一广告位下载量和总注册量的相关系数越大，即二者的同增同减的趋势越一致，侧面说明该广告位的下载激活率可能较高。最终，可以将各广告位的下载量对总注册量的影响程度相对大小进行排序，重点关注影响程度大（相关系数大）的广告位。

需要注意的是，参与相关性分析的变量不宜量级太小，建议广告位的下载量分布占比至少在 10% 以上。这是因为，如果该广告位的下载量占比太小，对于整体转化效果的影响太有限，基本看不出差异。

接下来我们以案例的形式来演示如何做相关性分析。

1. 准备数据

如表 6-8 所示是某金融类 App 在应用宝渠道投放的数据，统计周期为一个月，包括各广告位的下载量和总注册量。

表 6-8　某金融类 App 在应用宝渠道各广告位下载量和总注册量的数据

日期	系统通投	原生列表	列表图文+详情页	搜索图文+详情页	首页卡片	左图右文单标题	三图卡片	总下载量	总注册量
1	2810	1455	87	198	4063	293	812	9718	1417
2	3151	1708	101	201	4306	91	615	10 173	1394
3	3194	1898	65	147	4600	120	611	10 635	1582
4	3172	1974	49	170	4489	127	369	10 350	1614
5	2884	2370	53	144	4300	117	375	10 243	1434
6	2572	2318	30	135	4949	178	443	10 625	1434
7	2598	2657	21	128	4759	148	558	10 869	1475
8	2472	3202	38	143	2708	294	589	9446	1285
9	3099	3427	54	154	3734	467	833	11 768	1614
10	2589	2366	36	148	2709	287	498	8633	1259
11	2763	2153	42	168	2620	266	611	8623	1577
12	3386	2560	32	174	2177	201	582	9112	1396
13	2696	2272	42	135	2679	173	679	8676	1439
14	3048	2286	41	129	3231	446	836	10 017	1691
15	2850	2621	25	101	1710	369	478	8154	1371
16	2611	2728	22	154	1877	686	337	8415	1320
17	2448	3072	23	77	2592	751	443	9406	1684
18	2210	3033	15	158	1775	546	318	8055	1437
19	2008	3028	22	151	2340	707	419	8675	1609
20	2025	3426	33	159	2623	596	366	9228	1630
21	2292	3583	40	187	2405	552	401	9460	1627
22	2072	3365	64	190	2299	551	389	8930	1583

（续）

日期	系统通投	原生列表	列表图文+详情页	搜索图文+详情页	首页卡片	左图右文单标题	三图卡片	总下载量	总注册量
23	1751	3103	61	148	1514	446	292	7315	1335
24	1634	3536	61	121	2428	324	214	8318	1612
25	1422	3058	59	141	2501	176	139	7496	1499
26	1349	2570	34	152	1280	641	140	6166	1227
27	1093	1950	26	133	1987	393	81	5663	1104
28	1234	1977	33	131	2033	323	233	5964	1170
29	1147	1828	44	125	1169	417	232	4962	913
30	1129	1798	44	108	1328	345	113	4865	902

务必注意，我们分析的是各广告位的下载量的绝对值和总转化量的关系。无论从用户转化漏斗，还是为后期的线性回归分析打基础，各广告位的下载量和总转化量是直接相关的。每一个广告位的下载量都有各自的转化率，所有广告位的转化量求和即为总转化量。

有的朋友会问，是不是可以用各广告位的下载量占比代替绝对值？理论上可以。但总下载量如果不够稳定，用下载量占比就会有问题，这一点已经在前文多次强调过。

那是不是可以分析各广告位的下载量和平均转化成本的关系？理论上可以。但由于调控 CPD 出价是应用商店广告优化的常规手段，下载成本是在可控范围内波动的，因而转化成本也会受到影响。

然后我们计算各广告位的下载量占比，发现只有系统通投、原生列表、7.0 首页卡片这三类广告位符合大于 10% 的要求，且合计下载量占比平均达 85% 以上，从统计学意义上说，三大广告位的数据已经具有代表性。

2. 散点图数据可视化

接下来，我们用散点图将这三类广告位各自的下载量和总注册量做可视化呈现，如图 6-11、图 6-12 和图 6-13 所示。可以看到，散点图中的点均呈比较明显的直线排列。我们添加一条趋势线，观察是否有离趋势线较远的离群值，可以将其剔除。可以发现，29 日和 30 日这两天的数据点，总注册量分别为 913 和 902，明显远离趋势线，可予以剔除。

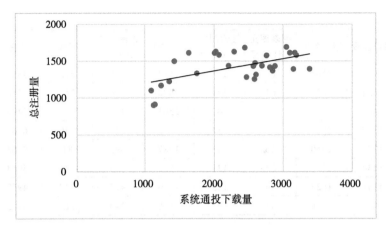

图 6-11　系统通投下载量和总注册量的关系

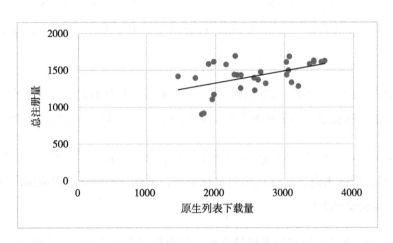

图 6-12　原生列表下载量和总注册量的关系

3. 计算相关系数

我们用剔除离群值后的数据，进行相关系数的计算，如表 6-9 所示，可以看到系统通投、原生列表、首页卡片三类广告位的下载量与总注册量均有较弱的正相关关系。相关系数相差不大，也难以判定哪类广告位的转化效果较好，在下面的 6.3.2 节中我们将做进一步的定量分析。

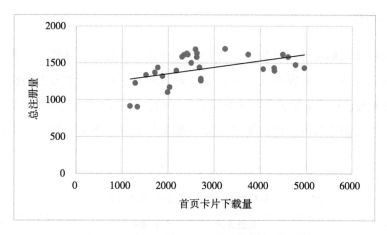

图 6-13　首页卡片下载量和总注册量的关系

表 6-9　各广告位下载量和总注册量之间的相关系数

	系统通投	原生列表	首页卡片	总注册量
系统通投	1			
原生列表	−0.2891	1		
首页卡片	0.5852	−0.4132	1	
总注册量	0.3787	0.3692	0.3232	1

6.3.2　线性回归分析

在回归分析中，如果有两个或两个以上的自变量，就称为多元回归。事实上，一种现象常常是与多个因素相联系的，由多个自变量的最优组合共同来预测或估计因变量。

在应用商店广告优化中，因变量即为转化量（这里以注册为例），自变量是各广告位的下载量，自变量与因变量直接的联系为各广告位的下载注册率。做线性回归分析前，我们需要假设在统计周期内，各广告位的下载注册率是相对稳定的。这个假设的潜台词是说，我们要对样本数据有所筛选，剔除那些可能的奇异值，比如受节假日、线下活动等影响的样本数据。

我们沿用 6.3.1 节的案例，对线性回归分析进行分步讲解：

1. 准备数据

选取投放相对稳定的统计周期，理论上应将其随机分为训练数据和测试数据，一般可以"八二"划分。如表 6-10 所示，需要说明的是，我们这里考虑到模型的实际应用场景，是需要通过历史数据预测未来广告效果的，所以没有按照随机的划分，而把前 80% 的数据作为训练数据，比较新的后 20% 数据作为测试数据，以此检验模型的预测效果。

表 6-10 将样本数据拆分为训练数据和测试数据

数据类型	时间	系统通投	原生列表	首页卡片	总注册量
训练数据	1	2810	1455	4063	1417
	2	3151	1708	4306	1394
	3	3194	1898	4600	1582
	4	3172	1974	4489	1614
	5	2884	2370	4300	1434
	6	2572	2318	4949	1434
	7	2598	2657	4759	1475
	8	2472	3202	2708	1285
	9	3099	3427	3734	1614
	10	2589	2366	2709	1259
	11	2763	2153	2620	1577
	12	3386	2560	2177	1396
	13	2696	2272	2679	1439
	14	3048	2286	3231	1691
	15	2850	2621	1710	1371
	16	2611	2728	1877	1320
	17	2448	3072	2592	1684
	18	2210	3033	1775	1437
	19	2008	3028	2340	1609
	20	2025	3426	2623	1630
	21	2292	3583	2405	1627
	22	2072	3365	2299	1583
测试数据	23	1751	3103	1514	1335
	24	1634	3536	2428	1612
	25	1422	3058	2501	1499

（续）

数据类型	时间	系统通投	原生列表	首页卡片	总注册量
测试数据	26	1349	2570	1280	1227
	27	1093	1950	1987	1104
	28	1234	1977	2033	1170

2. 构建数学模型

我们采用的是线性回归模型，公式如下：

总注册量 = 广告位 A 的下载量 * 广告位 A 的下载注册率 + 广告位 B 的下载量 * 广告位 B 的下载注册率 + …… + 广告位 N 的下载量 * 广告位 N 的下载注册率

现在遇到一个问题，系统通投、原生列表、首页卡片三类广告位的下载量合计占比高达 85%，但依然还有几个小流量的广告位没有统计进来，这个时候应该如何建模呢？

这里提供三种解决思路，供大家参考。

1）直接忽略小流量的广告位。

这一方法仅限于几大核心广告位的下载量占比高达 90%，最好是 95% 以上的情况。

2）在统计周期内，用恒定不变的常数代表这些小流量广告位带来的全部转化量。

这时的数学模型修正为：

总注册量 = 大流量广告位 A 的下载量 * A 的下载注册率 + 大流量广告位 B 的下载量 * B 的下载注册率 + …… + 剩下所有小流量广告位带来的注册量。

这种方法仅限于小流量广告位的投放是相对稳定的，即每一个小流量广告位的出价和下载量是比较稳定的。

3）假设小流量广告位的下载注册转化率与整体平均转化率持平，计算出每一天小流量广告位带来的全部转化量。

这时的数学模型修正为：

调整后的总注册量 = 总注册量 −（小流量广告位的下载量合计 * 整体平均下载注册率）= 大流量广告位 A 的下载量 * A 的下载注册率 + 大流量广告位 B 的下载量 * B 的下载注册率 + …… + 大流量广告位 N 的下载量 * N 的下载注册率

3. 输入训练数据，计算系数

用 Excle 进行线性回归分析，计算出各自变量的系数，即各广告位的下载→注册转化率。下面展示三种解决思路的计算结果。

1）模型 a

如表 6-11 所示是直接忽略小流量广告位的计算结果。需要说明的是，三类广告位的下载量占比合计不到 90%，不太适用这个思路，这里为了讲解的需求还是做了计算和演示。

还记得 Adjusted R Square（调整后的判定系数 R^2）吗？用于评估在多变量线性回归模型中，输入变量对输出变量的解释程度。这里的 Adjusted R Square 是 0.94，还不错。看下面的系数，Intercept 常数为 0，系统通投、原生列表、首页卡片三类广告位的下载→注册转化率分别为 22.1%、25.9% 和 6.9%，并且由 P-value 可知这些系数是经得起检验的。

表 6-11 模型 a 的计算结果

SUMMARY OUTPUT

回归统计	
Multiple R	0.9955
R Square	0.9911
Adjusted R Square	0.9375
标准误差	152.23
观测值	22

	Coefficients	标准误差	t Stat	P-value
Intercept	0	#N/A	#N/A	#N/A
系统通投	22.1%	0.0609	3.6333	0.0018
原生列表	25.9%	0.0380	6.8308	0.0000
首页卡片	6.9%	0.0357	1.9452	0.0667

2）模型 b

如表 6-12 所示是用恒定不变的常数代表小流量广告位注册量合计的模型结果。首先，Adjusted R Square 非常低，说明模型的质量很差。其次，用 Intercept 常数 1096 反推小流量广告位的注册转化率高达 90% 以上，明显不合理。所以对于本案例来说，这个模型是不适用。

表 6-12　模型 b 的计算结果

SUMMARY OUTPUT

回归统计	
Multiple R	0.3804
R Square	0.1447
Adjusted R Square	0.0022
标准误差	130.67
观测值	22

	Coefficients	标准误差	t Stat	P-value
Intercept	1096	392.6767	2.7906	0.0121
系统通投	0.6%	0.0932	0.0641	0.9496
原生列表	9.8%	0.0665	1.4668	0.1597
首页卡片	4.1%	0.0323	1.2566	0.2250

3）模型 c

图 6-13 是依据整体平均转化率计算小流量广告位注册量的模型结果。这里的 Adjusted R Square 是 0.94，还不错。看下面的系数，系统通投、原生列表、首页卡片三类广告位的下载→注册转化率分别为 18.5%、21.5% 和 8.2%，并且由 P-value 可知这些系数是经得起检验的。

综上所述，模型 c 是最适合本案例的。同时，如果小流量广告位的下载量占比合计能下降到 10% 甚至更低，模型 a 也是比较不错的，可以对比这两个模型的预测效果，择优选用。后续的步骤均以模型 c 为例进行介绍。

表 6-13　模型 c 的计算结果

SUMMARY OUTPUT

回归统计	
Multiple R	0.9964
R Square	0.9929
Adjusted R Square	0.9395
标准误差	120.52
观测值	22

	Coefficients	标准误差	t Stat	P-value
Intercept	0	#N/A	#N/A	#N/A
系统通投	18.5%	0.0482	3.8431	0.0011
原生列表	21.5%	0.0301	7.1659	0.0000
首页卡片	8.2%	0.0283	2.9094	0.0090

4. 优化样本数据，重新计算系数

根据残差数据，剔除部分偏离回归模型的样本，对原来的测试数据进行优化，重新计算各自变量的系数，即各广告位的下载→注册转化率。

如表 6-14 所示，左侧是模型 c 的残差分布，残差 = 实际值 − 预测值，即"调整后的总注册量"与"预测 调整后的总注册量"的差值。这个逻辑和我们一般做数据分析正好反过来了，大家请注意。

标准残差是计算了每一个样本残差的标准差，我们会将标准残差太大的样本数据剔除，一般只保留 ±2 个标准残差的样本数据，根据需要可以更严格一点。目前这个案例中，样本 8 和 9 都是可以剔除的。

表 6-14　模型 c 的残差分布

RESIDUAL OUTPUT

观测值	预测调整后的总注册量	残　　差	标准残差
1	1168.3	46.0	0.41
2	1306.0	−50.1	−0.45
3	1379.1	62.7	0.56
4	1382.2	120.3	1.07
5	1398.6	−61.1	−0.55

（续）

观测值	预测调整后的总注册量	残　差	标准残差
6	1383.0	−55.1	−0.49
7	1445.2	−86.2	−0.77
8	1370.7	−230.4	−2.06
9	1619.7	−212.5	−1.90
10	1212.3	−94.6	−0.84
11	1191.4	186.9	1.67
12	1358.1	−113.6	−1.01
13	1209.4	58.9	0.53
14	1323.1	122.8	1.10
15	1233.5	−26.1	−0.23
16	1226.0	−94.1	−0.84
17	1328.7	123.6	1.10
18	1209.0	43.0	0.38
19	1216.9	151.1	1.35
20	1329.1	97.0	0.87
21	1394.5	29.6	0.26
22	1298.0	73.3	0.65

如表 6-15 所示，重新计算系数。Adjusted R Square 仍是 0.94。系统通投、原生列表、首页卡片三类广告位的下载→注册转化率分别修正为为 16.9%、23.9% 和 8.5%，并且由 P-value 可知这些系数是经得起检验的。

表 6-15　优化样本数据后的模型 c 计算结果

SUMMARY OUTPUT

回归统计	
Multiple R	0.9977
R Square	0.9955
Adjusted R Square	0.9361
标准误差	96.80
观测值	20

	Coefficients	标准误差	t Stat	P-value
Intercept	0	#N/A	#N/A	#N/A
系统通投	16.9%	0.0390	4.3383	0.0004
原生列表	23.9%	0.0251	9.5267	0.0000
首页卡片	8.5%	0.0227	3.7474	0.0016

再来观察一下标准残差分布,所有样本数据都在 ±2 个标准残差内。最右侧的一列,手工计算了预估误差,计算公式为:预估误差 = - 残差 / 调整后的总注册量。在残差前面加了一个负号,将其逻辑调整为我们一般做数据分析的逻辑。以观测值 1 样本为例,预估值比实际值低了 -3.7%;20 个样本数据,有 80% 的样本预估误差在 ±10% 以内,45% 的样本预估误差在 ±5% 以内。

表 6-16　优化样本数据后的模型 c 残差和预估误差分布

RESIDUAL OUTPUT

观测值	预测调整后的总注册量	残差	标准残差	调整后的总注册量	预估误差(%)
1	1168.8	45.5	0.51	1214.3	-3.7
2	1307.6	-51.7	-0.58	1255.9	4.1
3	1385.2	56.5	0.63	1441.7	-3.9
4	1390.2	112.3	1.26	1502.5	-7.5
5	1419.9	-82.3	-0.92	1337.5	6.2
6	1410.0	-82.0	-0.92	1327.9	6.2
7	1479.1	-120.1	-1.35	1359.0	8.8%
8	1233.5	-115.8	-1.30	1117.7	10.4
9	1204.5	173.7	1.95	1378.2	-12.6
10	1369.4	-124.9	-1.40	1244.5	10.0
11	1226.6	41.7	0.47	1268.3	-3.3
12	1336.5	109.3	1.23	1445.9	-7.6
13	1253.4	-46.0	-0.52	1207.4	3.8
14	1252.8	-120.8	-1.35	1131.9	10.7
15	1368.2	84.1	0.94	1452.3	-5.8
16	1249.0	3.0	0.03	1252.0	-0.2
17	1261.8	106.3	1.19	1368.1	-7.8
18	1383.7	42.4	0.48	1426.2	-3.0
19	1447.8	-23.8	-0.27	1424.1	1.7
20	1349.5	21.8	0.24	1371.3	-1.6

5. 输入测试数据,检验模型效果

输入测试数据,以验证线性回归模型的预测效果,即各广告位下载→注册转化率的预估准确性。如表 6-17 所示,有部分样本的预估误差较大,但这都是真实的数据分析

结果。预估误差较大的主要原因有两方面：一是样本数据量本身不算大，测试数据的样本量就更小了，存在较大的波动；二是小流量广告位的投放不稳定，用整体平均注册转化率预估其注册量有较大的偏差。

读者朋友们自己建模的时候，建议尽可能扩大样本数据量。同时，对于小流量广告位的投放，尽可能保持在一个稳定的水平，这样便于预估其转化量。

表 6-17 测试数据的计算结果

数据类型	时间	系统通投	原生列表	首页卡片	预估调整后的总注册量	调整后的总注册量	预估误差（%）
测试数据	23	1751	3103	1514	1166	1162	0.3
	24	1634	3536	2428	1327	1472	−9.9
	25	1422	3058	2501	1183	1396	−15.2
	26	1349	2570	1280	951	1035	−8.1
	27	1093	1950	1987	820	981	−16.4
	28	1234	1977	2033	854	1029	−17.0

以上是基于真实案例数据的线性回归分析全过程，从概率学意义上来说，模型的预测效果受多方面的影响，有时比较理想，有时不够理想。精巧的数学模型不是我们应该追求的，只要掌握科学正确的数据分析方法论，时间会证明其价值所在。

6.3.3 显著性检验分析

很多没有经过数据分析专业训练的广告从业者，在平衡成本和流量二者关系时，大多会有这样一个 1∶1 的观念，即"成本上涨了 10%，流量也应该至少提升 10%"。这样的想法不能说是错的，但哪怕他们自己觉得可能有问题，也会倾向认为 1∶1 是较为科学的。原因在于没有经过数据分析专业训练的人，难以理解成本和流量二者复杂的非线性关系，只好将其简化为线性关系。

这里的核心问题在于，上调出价对于流量的增长是否真的有效果？流量是否有显著增长？为了解决这个数据分析需求，我们需要使用显著性检验分析，即用于试验组与对照组或两种不同处理的效应之间是否有差异，以及这种差异是否显著的方法。

以某 App 在 OPPO 软件商店的首页推荐广告位为例，对显著性检验分析做一个介绍。

1. 准备数据

1）选取的是投放相对稳定的统计周期（建议至少一周，如果数据比较稳定可以适当缩短），统计平均下载量。如表 6-18 中的对照组，是在全天 CPD 出价为 10 元的一周下载量数据。

2）在其他情况尽可能不变的前提下，对该广告位做单变量的调整，主要是调整 CPD 出价等。调整后，待数据积累一段时间，统计平均下载量。如表 6-18 中的试验组，是在全天 CPD 出价为 10 元的一周下载量数据。

表 6-18　某 App 的首页推荐广告下载量数据

时间	对照组 CPD 出价：10 元	试验组 CPD 出价：11 元
1	13 906	14 175
2	13 843	14 150
3	13 540	14 028
4	13 519	13 973
5	13 091	13 899
6	12 970	13 526
7	12 454	13 466
平均值	13 332	13 888

请注意，理论上，对照组和试验组应该是同时进行的，但应用商店广告优化实践中是没有这样的条件的。只好在投放相对稳定的统计周期内，选取前半段作为对照组，后半段作为试验组，对单一变量进行控制。对于本案例来说，前 7 天是全天 CPD 出价 10 元，后 7 天是全天 CPD 出价 11 元，对比提价后，日均下载量是否有显著增长。

2. 显著性检验

还记得 2.5.3 节的内容吗？正好可以用来检验两组数据是否有显著的差异。不过，本案例中的样本属于小样本（$N < 30$），不适用这一方法。

不过没关系，我们还可以用第 2 章中介绍的方差分析。相当于把 CPD 出价视为分类型变量，下载量作为数值型变量，研究二者的关系。

如表 6-19 所示，是单因素方差分析的计算结果。可以简单计算一下，自变量（CPD 出价）的效应占比是 1083088 / 2115926 = 0.3386。这个比例 0.3386 称为 R^2，这个数是可以与回归分析中相关系数的平方直接对比的。换句话说，已知 R^2 是 0.3386，取平方根后，R 就应该是 0.58，可以近似理解为这是两个变量（CPD 出价、下载量）之间的相关系数。$R=0.58$，可知 CPD 出价和下载量之间具有较强的正相关关系。再看 p 值是 0.029，小于 0.05。说明不同 CPD 出价和下载量之间的关系是确实存在的，是超出偶然机会可以解释的范围的。

用一句话总结就是，在当前的情况下，提高 CPD 出价对于提高下载量是有显著作用的。

表 6-19 方差分析计算结果

方差分析：单因素方差分析
SUMMARY

组	观测数	求和	平均	方差
CPD 出价：10 元	7	93 323	13 332	271 473
CPD 出价：11 元	7	97 217	13 888	81 181

方差分析

差异源	SS	df	MS	F	P-value	F crit
组间	1 083 088	1	1 083 088	6.1425	0.0290	4.7472
组内	2 115 926	12	176 327			
总计	3 199 014	13				

本案例中，CDP 出价从 10 元增长到 11 元，增长了 10%，日均下载量从 13 332 增长到 13 888，增长率为 4.2%。回到开始提到的 1∶1 理论，流量的增长是明显低于成本上涨的，性价比不高。但科学的数据分析告诉我们，此时上调出价是能显著带动下载量增长的。

这样就会引出一系列新的问题，出价的边界在哪里？最合理的出价是多少？前者是由出价和流量的非线性关系决定的，后者则需要根据 ROI 进行核算。我将在 6.4 节中以案例的形式进行具体介绍。

6.4 案例：某生活消费App在小米应用商店渠道的广告优化

6.4.1 项目背景

这是我曾经在广告代理商服务过的一个大客户，推广的产品是一款生活消费App，可以为用户提供周边吃喝玩乐商家推荐、预订、折扣优惠等相关服务，客户在各大应用商店渠道不遗余力地推广自家的App，小米应用商店成为重要的流量渠道之一。

我是在8月份从广告主手上把广告账户接手过来的，此前是广告主方面的渠道负责人自己做的简单优化。广告主对我们公司提出了两点核心的考核要求：一是日均广告消费要保证在20万，二是平均注册成本不能高于30元。对于日均广告消费，很多广告主都会有类似的要求，但这一次广告主特别进行了强调，并将考核优先级放在首位。因为广告主之前和媒体方签了年度框架，承诺全年的广告消费要不低于框架金额，否则缴纳给媒体方的几百万保证金将不予退还。按剩下不到半年的时间测算，平均到每日的预算约在20万。同时，平均注册成本是广告主自己做优化时的数据，以此作为考核我们的标准。

拿到广告后台账号权限后，我第一时间对历史数据做了一个通盘的阅读，结合广告主所阐述的日常优化思路，对过去半年的广告投放情况有了一个基本面上的了解。

如表6-20所示是历史最近两个月的广告投放情况，包括账户总计和各广告位的数据。可以看到，6月份的时候，投放的广告位只有精品、搜索、装机必备三类，但到了7月份的时候，新增了其他资源、首页banner两类。从下载量来看，7月份与6月份基本持平，但广告消费下降了7%，日均广告消费绝对值下降了1.5万，下载单价降低了近10%。广告主为什么会有这样的优化调整？仅仅是出于降低成本的考虑吗？我带着这样的疑问，继续做数据分析。

看完整体情况，我们再来看一下数据的趋势。如图6-14所示，我们用双坐标折线图对6月1日~8月30日的账户合计广告消费、下载量的数据进行可视化。可以看到，6月的前半个月，账户整体出现较大的波动，之后就比较稳定。广告消费和下载量的趋势非常接近，说明下载单价的调控比较严格。

表 6-20　某生活消费 App 在小米应用商店的投放数据

时间	广告位	CPD 出价（元）	曝光量	下载量	点击率（%）	广告消费	下载单价（元）
6 月	精品	9 ~ 10	15 483 902	17 627	0.11	159 413	9.04
	搜索	2.0	5 499 749	10 374	0.19	20 741	2.00
	装机必备	2.0 ~ 4.5	1 616 320	10 101	0.62	33 083	3.28
	账户总计	–	22 599 971	38 102	0.17	213 237	5.60
7 月	精品	9.0 ~ 10.5	14 884 269	14 726	0.10	138 778	9.42
	其他资源	2.0	2 309 273	6054	0.26	12 088	2.00
	首页 banner	12.0 ~ 13.0	3 191 796	225	0.01	2853	12.67
	搜索	2.0	2 168 444	6876	0.32	13 750	2.00
	装机必备	2.5 ~ 4.0	1 721 486	10 835	0.63	31 375	2.90
	账户总计		24 275 268	38 717	0.16	198 843	5.14

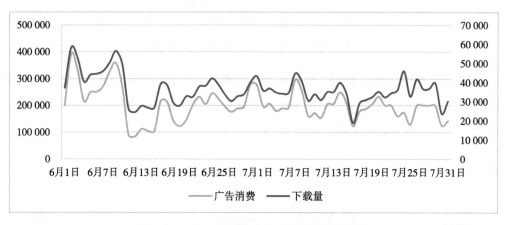

图 6-14　账户合计的广告消费和下载量趋势

账户整体的趋势也没有发现更多有价值的信息。根据"帕累托法则"的分析思路，我们对各广告位按流量贡献从大到小依次做数据趋势的观察。

首先是精品广告，6 月份精品广告的下载量占比高达 46%，虽然在 7 月份下降到 38%，依然是最主要的流量来源。如图 6-15 所示，用双坐标折线图对精品下载量、下载单价的数据进行可视化。可以看到，精品广告下载量在 6 月的前半个月也出现了大幅的波动，因此可以判断账户整体的下载量是由精品广告造成的。添加趋势线后发现，精品广告的下载量是呈波动下降趋势的，而下载单价是逐渐上涨的。我们有了一个假设，精品广告的流量出现了一些问题，流量下滑明显，需要以更高的成本维持原来的下载量。

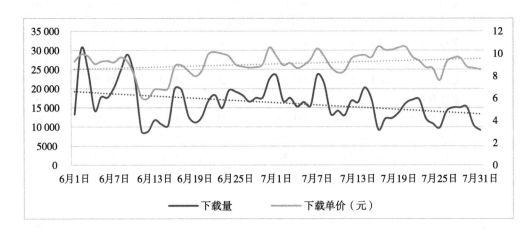

图 6-15　精品广告的广告消费和下载单价趋势

顺着这个思路，我们回顾一下表 6-20，发现除了精品广告外，搜索广告的流量也下降了很多，日均下载量从 6 月的 10374 下降到 6876，下降了近 1/3，而 CPD 出价一直是 2 元没有变过，趋势如图 6-16 所示。

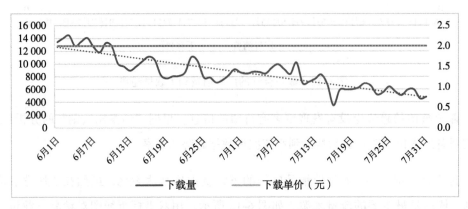

图 6-16　搜索广告的广告消费和下载单价趋势

至此，之前那个疑问终于有了一定的解释。广告主察觉到精品广告、搜索广告两大广告位的下载量下滑严重，于是采取了提高精品广告出价，维持搜索广告出价的策略，同时开始投放其他的广告位，作为流量的补充。

半个月后，我从广告主那里得到验证，这些推演是正确的。如何从数据中获得对我们的广告优化工作有价值的洞察，是一件需要刻意训练的事情，也是向广告主展现我们职业素养的好机会。

总的来说，这个策略还是有效的，维持了流量水平。但也造成了新的问题：一是注册成本已经在红线附近徘徊，为了控制成本，广告消费没有达到日均 20 万的规划；二是投放了过多的广告位，数据分析的难度提高了好几个等级。

6.4.2　优化难点

根据目前账户数据的情况，在没有具有强说服力的数据分析支持前，同时多广告位的情况将长期存在。结合广告主提出的两点硬性考核要求，我将广告优化的难点梳理了出来，便于有针对性地解决。

难点一：自然量对账号整体广告效果的影响。

自然量的重要性，在 6.2.1 节已经阐述得很清楚了。当时，广告主不仅在各类线上渠道做 App 推广，也会有大量的线下广告、地推活动等。将自然量的数据纳入分析范围是必需的。

难点二：各广告位的精细出价优化。

对精品广告、搜索广告等核心广告位的 CPD 出价进行精细化的调控，达到流量和成本之间比较好的平衡。包括针对不同时间的出价，比如工作日、周末，还有对时段的出价调控。

难点三：评估各广告位的效果，统筹优化广告预算。

评估各广告位的转化效果，应该是每一个应用商店广告优化人员最想做的事情，但实践中往往会遇到各种阻力。如果广告位不多，可以通过相关分析做初步判断。广告位多了之后，各广告位的流量贡献都分散了，相关性没有那么明显了，线性回归模型不一定能达到理想的预测效果。也不用灰心，办法总比问题多。

知道了各广告位的实际效果，就可以在广告位之间实行预算的统筹优化，在转化成本可控的基础上实现转化量的稳定增长。

难点四：确保广告消费，严格控制转化成本。

这是本案例的广告效果优化最麻烦的地方。广告主对日均广告消费的严控程度之高，限制了很多不错的优化思路。同时，因为广告主提供后端的注册数据不会那么及时，要延迟2~3天，而且不是每天都提供，可能一周提供1~2次。我们无法及时测算出转化成本，也就对每次的优化操作难以做到及时反馈，导致我们在做优化时只能谨小慎微，不敢有太大的动作。

6.4.3 优化思路

我和团队里的其他人曾想过这些思路：

1）先暂停付费推广一天，看看自然量的转化效果，因为怕影响账户历史积累的点击率等数据，影响后期的投放，被否决了；

2）先暂停付费推广几个小时，但又很难拿到自然量的时段转化数据，也只能作罢；

3）不关注自然量，重点关注推广量，是否可以把几个大流量的广告位依次作为主力渠道，计算其实际转化效果。比如，今天主要投放精品广告，其他广告位都被压缩；明天换成主要投放搜索广告，其他广告位都被压缩。这个策略需要冒很大的风险，最终也放弃了。首先，执行周期就得3~5天，广告效果是没办法保证的。同时，哪怕主要投放一类广告位，也很难保证广告消费。最后的结果可能是，执行周期期间，每天的广告消费都达不到20万的要求，或者哪怕达到了，转化成本也非常高。

虽然这些思路都没有用上，但不代表这些思路没有价值，可以为大家提供一些参考。因为案例本身的特殊性，我们只能另辟蹊径。

最终，我和团队里的其他人经过多次商讨后，确定了一个核心思路：通过对各广告位转化率的估算，统筹各广告位的预算分配，以精细化的优化保证广告投放按规划进行。展开具体阐述如下：

第一步，拿到自然量的数据，分析其趋势规律；尝试根据历史数据做预测；计算自然量对账号整体广告效果的影响程度。

第二步，对几类大流量广告位做 CPD 出价测试，找到出价与下载量之间存在的相关关系，尽可能用数学模型定量化。

第三步，对每一类广告位确定一个比较合适的出价策略，保证整体下载量、下载单价是可以达到既定目标的。

第四步，搭建投放数据实时监控系统，保证账户整体、各广告位的流量是相对稳定的，为接下来的建模提供 3 ~ 4 周的样本数据。

第五步，对各广告位的下载量和总转化量做相关性分析，构建线性回归数学模型，估算出几类大流量广告位的转化率。

第六步，根据各广告位的转化率，围绕目标成本进行流量调控。

第七步，保持对投放数据的实时监控，重点控制广告消费的完成进度，确保后续的广告投放按考核要求圆满完成。

6.4.4　优化执行

详细步骤如下所示。

第一步

拿到自然量数据比我们想的要顺利。我们先找应用商店媒体方的工作人员沟通，确认了自然量的统计口径，涉及信息流广告资源需要剔除的问题，这个在 6.2.1 节已经做过说明。然后，和广告主论述了自然量数据对我们广告优化工作的重要性，广告主对我们也比较支持，给了我们开发者后台的权限，根据自然量的计算公式就可以自行计算每天的自然量下载量。同时，也确认了考核注册成本的统计口径，是包括自然量在内的模糊计算，对我们来说是比较有利的。

接着，我们观察自然量下载量数据的趋势，试图发现其中的规律。如图 6-17 所示是 6 月~7 月的自然量下载量数据。从趋势来看，自然量是比较稳定的，呈现周期性地波动。我们对应到具体日期，发现峰值基本在每周的周六，同时，周五和周日的下载量也会稍微高一点。

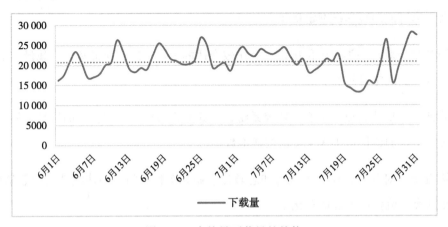

图 6-17　自然量下载量的趋势

当然，这只是一个假设。我们还需要用科学的数据分析来验证这一假设是否成立。我们用 6~7 月的数据，按照周一到周日的顺序，分别计算了日均下载量，如图 6-18 所示。可以看到，周六和周日的下载量明显较高，周五的优势不太明显。

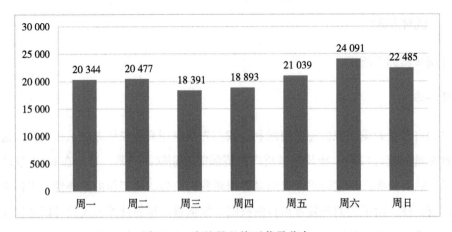

图 6-18　自然量日均下载量分布

我们需要借助方差分析，来检验一下周五的自然量下载量是否显著较高。如表 6-21 所示，由 p 值可知，周五的日均下载量与周一到周四相比，无显著差异。再检验一下周末的自然量下载量是否与周一到周五显著较高。如表 6-22 所示，由 p 值可知，周末的日均下载量与周一到周五相比，显著较高。

表 6-21　周五与周一到周四的下载量方差分析结果

方差分析：单因素方差分析
SUMMARY

组	观测数	求和	平均	方差
周五	9	189 350	21 039	9 604 453
周一到周四	34	662 134	19 475	7 757 569

方差分析

差异源	SS	df	MS	F	p 值	F crit
组间	17 415 105	1	17 415 105	2.1453	0.1506	4.0785
组内	332 835 417	41	8 117 937			
总计	350 250 521.9	42				

表 6-22　周六日与周一到周五的下载量方差分析结果

方差分析：单因素方差分析
SUMMARY

组	观测数	求和	平均	方差
周六日	18	419 184	23 288	11 885 081
周一到周五	43	851 484	19 802	8 339 298

方差分析

差异源	SS	df	MS	F	p 值	F crit
组间	154 197 552	1	154 197 552	16.4724	0.0001	4.0040
组内	552 296 892	59	9 360 964			
总计	706 494 444.3	60				

然后，我们开始计算自然量对账号整体广告效果的影响程度。用到的是相关分析，为了有所对比，我们把精品广告、装机必备等所有广告位都纳入统计范围。如表 6-23 所示，自然量下载量与总注册量有很强的正相关。

表 6-23　各流量来源下载量和总转化量的相关分析结果

	精品	装机必备	搜索	排行榜	其他资源	自然量	总注册量
精品	1						
装机必备	0.4101	1					
搜索	0.7989	0.1668	1				
排行榜	0.7470	0.1295	0.5102	1			
其他资源	0.3860	0.0233	0.4805	0.0122	1		
自然量	0.8172	0.2710	0.9240	0.4443	0.7080	1	
总注册量	0.8223	0.3634	0.9131	0.4470	0.5235	0.9527	1

还有一个数可以关注，自然量下载量和搜索广告下载量是呈很强的正相关，我们在 6.1.1 节中提到这二者可能是负相关关系的假设，目前在本案例中是不成立的。所以在投放搜索广告的时候，可以不用担心与自然量有所冲突了。

第二步

以精品广告为例，我们对 CPD 出价从 9.5 元至 13.5 元进行测试，剔除了一些离群值，最终结果如图 6-18 所示。下载单价和 CPD 出价的关系不用再赘述了，二者基本相等。可以看到，当 CPD 出价低于 10.5 元时，日均下载量基本在 10 000 以下；CPD 出价高于 12 元时，日均下载量基本在 15 000 以上，而 CPD 出价在 10.0 ~ 11.5 元时，日均下载量在 10 000 上下波动。

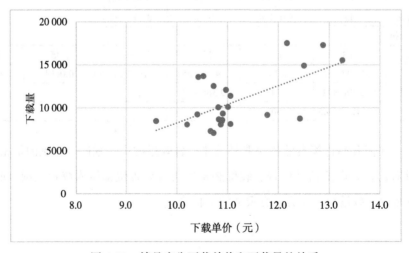

图 6-19　精品广告下载单价和下载量的关系

为什么会有这样的波动呢？根据广告展现机制，除了 CPD 出价外，对竞价排名影响最大的因素就是点击率。我们把点击率加入到数据分析的范畴，在 CPD 出价在 10.5 ~ 11.5 范围内，分析下载量与点击率、下载单价的相关关系。如表 6-24 所示，下载量与点击率呈很强的正相关。

表 6-24 下载量与点击率、下载单价的相关关系

	点击率	下载单价	下载量
点击率	1		
下载单价	0.0344	1	
下载量	0.8835	−0.1847	1

观察曝光量数据，发现 CPD 出价在 10.5 ~ 11.5 范围内，曝光量是相对稳定的，真正决定下载量的是点击率。这个思路乍一看没有问题，实际上有很大的逻辑漏洞。对于 SEM 广告、信息流广告来说，CTR（点击率）的优化都可以作为单独的内容做系统讲解，有各种各样的优化方法，但应用商店广告不是这样的。应用商店广告的点击率 = 下载量 / 曝光量，只是沿用了点击率这一说法，统计口径已经完全不一样了。应用商店广告点击率并不是一个自变量，不同于 CPD 出价，点击率不是一个我们可以主动影响改变的指标，相关分析的结论也就没有了太大的参考价值。

时段 CPD 出价调控也是我们需要关注的一个方面。如图 6-20 所示，以 12 ~ 13 点这一午高峰为例，我们对 CPD 出价从 9 元至 14 元进行测试，观察其下载量的变化。最终确定，11 ~ 12 元的出价是比较合适的。和图 6-19 不同，这里用的是 CPD 出价，主要是因为在一个时段内，出价基本是确定的。

因此，精品广告的下载量和 CPD 出价之间的关系很难用数学模型定量表达。我们能做的只是将 CPD 出价控制在一个成本可控的范围，及时关注点击率的变化，根据投放需求对出价做进一步的精细调整，比如时段调控等。

同理，其他广告位也做类似的操作，视广告位重要程度，测试的空间可以自行把握。

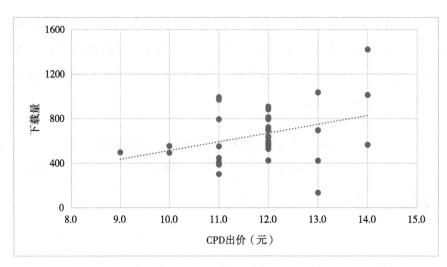

图 6-20　精品广告在 12～13 点时段内的不同 CPD 出价的下载量

第三步

我们对每一个广告位都设计了出价策略，并密切关注相关数据，保证整体下载量、下载单价是可以达到既定目标的。

例如，精品广告的出价策略基本上是：0～9 点出价 9 元，9～11 点出价 10 元，11～14 点出价 11～12 元，14～18 点出价 10 元，18～20 点出价 11～12 元，20～22 点出价 10 元，22～24 点出价 9 元。投放过程中，根据实时情况会有一定的调整。

对于精品广告、装机必备等比较重要的广告位，对时段数据的关注、时段出价的调控要做得精细化一些。一些小流量的广告位，可能全天调价 1～2 次就可以。

第四步

得益于应用商店媒体方提供了时段的数据，我们用 Excel 搭建了投放数据实时的监控系统，对账户整体和几个大流量的广告位进行实时跟踪。如图 6-21 是对某日账户整体数据的监控。

投放数据实时的监控系统的搭建并不复杂，本质上是通过与历史数据的对比，细化到每个小时甚至更细，以此来判断目前的投放是否正常，一旦出现意外情况便于及时处理。同时，系统也可以对未来几个小时的流量做一定程度上的预估，为我们的出价调控提供参考。前期我们采用的是人工的方式，从 10 点到 21 点，每个小时跟踪一次数据。后期通过爬虫代替了人工，极大地提高了效率。

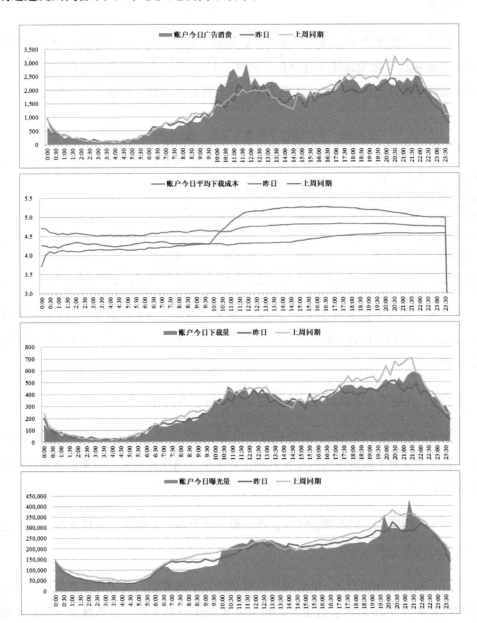

图 6-21　应用商店广告账户整体投放数据实时监控

有了投放数据的实时监控,极大地提高了我们对广告消费、下载量、下载单价的调控水平。

第五步

按照既定的投放策略,投放一段时间,积累了近一个月的样本数据。开始对各广告位的下载量和总转化量做相关性分析,如表6-25所示,总注册量与精品、搜索、自然量的下载量呈很强的正相关,与装机必备、其他资源的下载量呈较弱的正相关。

表6-25 各广告位下载量与总注册量的相关分析结果

	精品	装机必备	搜索	自然量	其他资源	总注册量
精品	1					
装机必备	0.0825	1				
搜索	0.6565	0.0863	1			
自然量	0.7136	0.1011	0.8257	1		
其他资源	0.3972	−0.2463	0.2974	0.5801	1	
总注册量	0.8210	0.2570	0.8972	0.9196	0.3772	1

接下来,用训练数据构建线性回归数学模型,因为这五大流量来源的下载量占比合计超过95%,我们可以直接忽略剩下的下载量来源。采取6.3.2节介绍的三种模型算法,对比发现:

模型a:其他资源下载量这一变量的p值太高,不具有显著性;

模型b:受模型a的启示,其他资源的包括一系列各类小流量广告位,投放不稳定;于是,把其他资源下载量作为恒定常数建模,模型预测质量挺高,根据p值知各系数具有显著性;

模型c:搜索广告的系数大于1,即下载→注册率,不合理;其他资源下载量这一变量的p值太高,不具有显著性;

所以,最终选择模型b。根据残差分布剔除若干离群值,优化样本数据后,线性回归模型结果如表6-26所示。这里的Adjusted R Square是0.99,说明模型预测效果很不错。看下面的系数,常数是1354,代表其他资源广告带来的注册量,下载→注册转化率为 22.2%，低于账户平均转化率 25.5%，算是比较合理；装机必备、精品、搜索、自然量这种类流量来源的下载→注册转化率分别为 14.8%、24.6%、67.2% 和 23.4%，并且由 p 值可知这些系数是经得起检验的。

表 6-26 优化样本数据后模型 b 的计算结果

SUMMARY OUTPUT

回归统计	
Multiple R	0.9933
R Square	0.9867
Adjusted R Square	0.9839
标准误差	261.93
观测值	24

	Coefficients	标准误差	t Stat	p 值
Intercept	1354	332.2563	4.0750	0.00064561
装机必备	14.8%	0.0186	7.9787	1.74349E-07
精品	24.6%	0.0284	8.6875	4.82238E-08
搜索	67.2%	0.1184	5.6735	1.80739E-05
自然量	23.4%	0.0289	8.0770	1.4533E-07

选取训练数据之后一周的数据，作为测试数据检验模型的预测效果。如表 6-27 所示，一周的 7 个样本数据中，有 6 个样本的预估误差都在 ±5% 以内，可见模型的预测效果还是不错的。

表 6-27 测试数据的预估误差结果

数据	装机必备	精品	搜索	自然量	其他资源	总注册量	预估总注册量	预估误差（%）
测试数据	10 508	20 684	8059	35 330	11 567	23 682	22 897	−3.3
	11 307	19 118	6363	30 928	8098	22 317	19 692	−11.8
	9171	18 640	7166	30 537	10 728	21 104	20 289	−3.9
	7995	18 074	6713	30 353	11 829	19 830	19 872	0.2
	9551	14 712	5643	29 799	12 186	18 703	18 505	−1.1
	11 906	12 970	4947	26 897	11 099	16 629	17 038	2.5
	10 277	8607	3667	20 584	8242	12 971	12 752	−1.7

第六步

根据第五步估算出的各广告位的转化率,计算各自的转化成本,作为出价调控的重要参考。如表 6-28 所示,是我们设计的理想状态下各广告位的配比,包括下载单价、下载量占比,预估出的账户平均注册成本符合低于 30 元的预期。

在执行过程中遇到很多阻力,比如整个应用商店流量大盘的波动,精品广告出价按 13 元的成本出价但下载量达不到预期,装机必备出价高于 6 元就已经带动不了下载量增长等。还要考虑自然量占比的波动,在第一步我们发现自然量下载量在周六日有显著增长,对各广告位的预算分配是要做相应调整的。

表 6-28 理想状态下的各广告位流量配比与成本预估

广告位	下载单价	预估转化率(%)	预估转化成本	下载量占比(%)	账户平均注册成本
精品	13	24.6	52.8	25	
搜索	10	67.2	14.9	10	
装机必备	7	14.8	47.2	17	25.6
其他资源	5	22.2	22.5	13	
自然量	—	23.4	0.0	35	

我们权衡再三,最后决定放弃其他资源等一系列不太可控的小流量广告位,重点关注精品、搜索、装机必备这 3 个广告位。

第七步

进一步完善投放数据实时的监控系统,重点关注广告消费进度、各广告位的下载量占比是否达到预期。根据新的转化数据,不断修正模型的参数,提高预测的准确性。

6.4.5 效果评估

这里展示最后 3 个月的数据情况。如图 6-22 是各广告位的下载量占比,可以看到,在我们的努力下,精品广告的下载量占比逐渐接近 30%,搜索广告下载量占比约为 23%,装机必备则是 24%,与理想的情况有一定的出入。

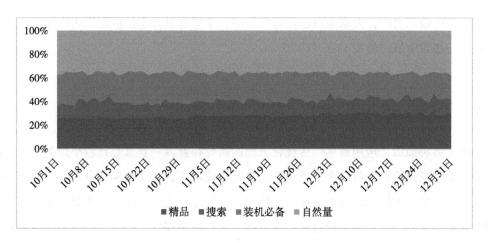

图 6-22　各广告位的下载量占比分布

如图 6-23 所示，是账户的每日广告消费和注册成本的趋势。可以看到周末的时候，日均广告消费较周一至周五增长 10% 左右，整体日均消费 201098，账户平均注册成本呈下降趋势，且波动幅度越来越小。总体来说，达成了广告主的两点考核要求。

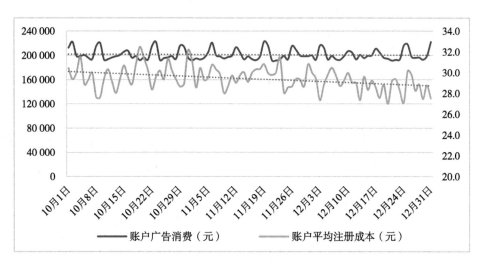

图 6-23　各广告位的下载量占比分布

到此，本案例介绍完了。这个案例或许不像很多朋友读过的那种，能把流量越优化越大，或成本越优化越低，毕竟投放目标是显著不同。但本案例的优化难度之高，数据分析方法论应用之广，大家应该已经有所了解，希望能对大家的应用商店广告优化工作中提供一些有价值的参考。

6.5 本章小结

由于各种原因，应用商店广告优化方面的研究在业内一直算是比较小众的，少有成熟的、系统的经验和资料，大家更多是围绕优化技巧在进行研究和分享。本章内容希望能从一个更基本的层面，为大家提供一些用得上的数据分析方法论和工具，帮助业内的朋友们拓宽思路，如果在阅读过程中对数据分析方面感到吃力，还请回顾第 2 章的对应内容。

第 7 章

多广告推广渠道的统筹优化

本章主要是介绍如何对多广告推广渠道做数据分析,以此作为广告预算分配、广告效果整体优化的依据。本章将从多广告渠道统筹优化的需求出发,对业内朋友在实际工作中遇到的难点、痛点进行梳理,并给出一定的数据分析思路,在综合考量各类 KPI 的基础上,构建多广告渠道的综合效果评分模型,在更宏观的视角下评估每一广告渠道的转化效果,作为调控广告预算和转化成本的重要参考。

7.1 多渠道广告统筹优化的现状

对于广告推广从业者来说,尤其是甲方广告主,多广告推广渠道间的统筹优化是一个永远的命题。在移动互联网时代,用户兴趣、注意力更加分散,上网行为更加碎片化,流量获取来源也就更加分散。作为广告主,不可避免地要同时投放多个广告渠道,可能涉及不同的广告类型,比如 SEM 广告、信息流广告、应用商店广告等,同时也会涵盖不同类型的广告媒体,比如社交类、泛娱乐类、工具类等。这么多的广告渠道,怎么评估综合转化效果的优劣,怎么分配广告预算,都是值得深入分析和研究的。

在对多广告渠道的数据分析中,广告优化师往往容易陷入以下两个"误区"。

误区一：过于强调不同渠道的差异性，缺乏全盘的综合考量。

大部分从业者对多广告推广渠道的认知，是基于特定推广需求和特定广告类型的，例如：提到 App 推广，首先想到的推广渠道是应用商店，用户转化率高，流量大且稳定；如果推广目的是获取销售线索，则 SEM 推广更具优势，转化效果稳定，相对来说竞争也较为激烈；而近几年兴起的信息流广告，同时适用 App 推广、获取销售线索，但对于创意的要求较高，转化效果受到的干扰因素较多。

这些认知都比较片面，无法解决多广告推广渠道的统筹优化中遇到的问题。比如：

1）应用商店渠道的转化量是信息流渠道的 2 倍，但转化成本高出 20%，是否应该对应用商店渠道进行成本控制？

2）信息流渠道 A 和信息流渠道 B，两者的注册成本差不多，渠道 A 的流量已经基本达到瓶颈，但渠道 B 的流量可能还有较大增长空间，应该怎么做放量测试？成本应该控制在什么水平？

这些只是多广告推广渠道统筹优化所面临的诸多问题的冰山一角，如何系统考量这一系列问题，也是本章内容所要重点探讨的。

误区二：以同一个标准考核所有渠道，忽略了不同渠道的特殊性。

最常用的考核标准是转化成本，即以同一个目标转化成本考核所有的推广渠道，转化成本低于目标成本的渠道即为广告效果较好，反之则是广告效果较差。这种考核方法看似是紧紧围绕广告投放 ROI 做出的，但却是脱离了广告优化实际情况的纸上谈兵。一方面，不同广告渠道有着各自的差异性，转化率也有一定的差别，以同一转化成本作为考核，实为不妥；另一方面，转化量和转化成本的关系是非线性的，要求日均转化量好几万的大渠道和日均转化量几百的小渠道处在同一个成本水平，是不太合理的，也不能实现广告预算的最优分配。

为了避免陷入这两种误区，我们既需要考虑到不同广告渠道的差异性，又要以一套统一的标准来考核其转化效果，这就需要搭建一套评分模型，对不同广告渠道的综合广告效果进行评估，以此作为广告推广 KPI 考核的重要依据。

7.2 多渠道广告数据分析方法论：综合效果评分模型

搭建多广告渠道的综合效果评分模型是一个系统性的"工程"，下面按步骤讲解。

1. 评分指标的选取

单个广告渠道的数据指标已经不少了，多个广告渠道的数据指标则更加丰富。我们不可能把所有数据指标都纳入数据模型，这样就失去了模型的价值。所以搭建数据模型前，需明确我们重点关注的是哪些评分维度。

一般来说，最重要的两个维度是转化量和转化成本，在此基础上可以适当关注投放稳定性、流量增长性等。以单个广告渠道评分指标的选取为例，具体如下。

1）转化量

分析意义：代表了该渠道的获取流量能力，与运营人员的核心 KPI 直接相关，也是区分大渠道和小渠道的重要指标。

数据指标：统计周期内的日均转化量的算术平均值。

2）转化成本

分析意义：代表了该渠道的投入成本，在用户质量相对稳定的条件下，获客成本与 ROI 直接相关。

数据指标：统计周期内的平均转化成本，注意是加权平均而非简单平均。

3）投放稳定性

分析意义：代表了该渠道长期稳定投放的可能性，间接影响运营人员对预算消耗、KPI 完成的进度把控。

数据指标：转化量的离散系数（coefficient of variation）、转化成本的离散系数。

注：离散系数是统计学上常用的一个统计量，计算公式为样本标准差与平均值之比，用来衡量各观测值离散程度。

4）流量增长性

分析意义：代表了该渠道获取流量的可增长空间，间接影响运营人员对未来 KPI 增长的规划制定。

数据指标：在统计周期内，转化量按降序排列，前 50% 的转化量平均值与整体平均值之比。该指标其实是以表现较好的这一半样本数据为参照，评估整个渠道的流量还有多大的增长空间。

2. 权重测试和确定

在这一步，我们需要根据当前推广的目标，确定核心 KPI。到底是成本控制优先，还是流量获取优先。需注意，此时要有一个最高的优先级，成本和流量兼顾的想法是不现实的。

根据对各指标优先级的排序，设置不同的权重。一个常规的做法是，先大致设置一个权重，然后逐渐测试和调整。v1 版的评分模型出来后，将综合得分算出，多找几个小伙伴帮忙参考，综合得分与大家的主观判断是否有较大的偏差，如果有那就继续调整权重，在权重的反复调整测试的过程中，我们对各指标的优先级将会有更深刻的认知。直到计算出的综合得分与我们的主观判断不存在显著偏差，适用于我们广告推广的综合效果评分体系就算搭建好了。

3. 计算综合评分，评估渠道效果

根据评分模型，对各广告渠道进行评分，不仅要关注总分，更要关注不同维度的评分。总分的意义是对全部渠道的整体转化效果有更全面和准确的认知，而各维度的评分是作为渠道效果优化的重要参考。例如，考虑放量的机会时，就需要关注"流量增长性"这一维度，这一维度得分较高的渠道更有可能实现放量。

4. 模型迭代和优化

多广告渠道综合效果评分模型搭建好之后，并非是一成不变的，也需要根据推广需求的变动而有所调整。尤其在广告预算显著增长，对转化量和转化成本的要求也有较大变化时，我们需要在原本评分模型的基础上，根据新的投放数据对其进行迭代优化，以期适用新的投放目标和考核需求。

以上就是多广告渠道的综合效果评分模型搭建的主要过程，还有部分细节需要说明，在 7.3 节将以真实案例具体介绍。

7.3 案例：某金融 App 在多广告渠道的统筹优化

7.3.1 项目背景

这是我给一位在甲方工作的朋友做的优化咨询项目，他们公司的产品是一款提供综合金融服务的 App，主要的推广渠道有 10 个，涵盖 SEM 广告、信息流广告、应用商店广告等不同类型。推广考核 KPI 是 App 的注册成本不高于 40 元，日均广告预算在 20 万，如果注册成本较低，广告预算可以适当放宽。在很长一段时间，这位朋友都是在用一个统一的注册成本来考核全部广告渠道，但发现对于多渠道的整体优化并不能提供多少有价值的参考。

我在开始负责这一项目后，深入分析了最近 3 个月的历史投放数据，与客户达成共识，通过搭建综合效果评分模型，作为对各广告渠道综合效果评估的依据。在实际操作中，我们和客户花了很多时间和精力来沟通指标权重的相关问题，在整个过程中，我们双方对推广考核 KPI 的优先级有了更深刻的理解，这对于评分模型的评估效果起着至关重要的作用。

7.3.2 优化思路和执行

第一步，评分指标的选取。

如 7.2 节所述，我们选取下面四个维度的数据指标参与构建综合效果评分模型。

转化量：统计周期内的日均转化量的算术平均值。

转化成本：统计周期内的平均转化成本，注意是加权平均而非简单平均。

投放稳定性：转化量的离散系数、转化成本的离散系数。

流量增长性：在统计周期内，转化量按降序排列，前 50% 的转化量平均值与整体平均值之比。该指标其实是以表现较好的这一半样本数据为参照，评估整个渠道的流量还有多大的增长空间。

第二步，选取样本数据。

在前面的章节中，我们对数学模型已经有一定的了解，样本数据的选取对于模型搭建非常关键。样本数据需要能代表这一段统计周期内各广告渠道的正常投放效果，请注意，这一句中有两个限定词，第一个是"一段统计周期"，第二个是"正常"。所以我们在选取样本数据时，一般以日数据为最小单位，选取连续的若干周为统计周期，另外，要对部分"离群值"进行剔除，即那些明显偏高或偏低的样本值。

如表 7-1 所示是该 App 在各广告渠道的广告消费数据，统计周期为 5 周。可以看到，广告渠道分为三大类，分别是应用商店、SEM 和信息流。但并不是全部样本都可以参与建模，我们将每一个渠道统计周期内的平均值和标准差计算出来，以 ±2 个标准差为界限，将超出这个界限的样本作为"离群值"剔除，在表格中已用背景颜色标识，例如第 1 天的应用宝渠道的广告消费 28 586 元。

表 7-1　各广告渠道的广告消费数据

日期	应用商店				SEM			信息流		
	OPPO	vivo	小米	应用宝	百度	百度	神马	今日头条	百度	UC
1	57 636	23 489	13 680	28 586	8258	10 746	7628	5571	4931	3676
2	69 459	20 023	9063	37 462	7057	9255	6046	5564	4860	3719
3	74 347	17 785	10 067	52 780	6810	8576	6119	5114	4897	3811
4	70 517	19 938	10 321	45 188	7498	8050	6344	5032	4239	3540
5	79 954	29 883	18 761	63 965	7216	9382	6276	5265	4296	3917
6	83 403	30 877	20 614	58 784	7752	10 417	6412	5822	4009	3832
7	74 586	30 538	20 006	56 723	8162	8120	7565	5286	4815	3652
8	79 921	35 187	14 606	65 501	8569	8913	6387	5862	4384	3757

（续）

日期	应用商店					SEM		信息流		
	OPPO	vivo	小米	应用宝	百度	百度	神马	今日头条	百度	UC
9	66 322	22 680	12 208	60 689	9392	10 211	6279	5241	4910	3533
10	70 338	20 526	11 315	44 433	8129	10 319	6073	5322	4928	3706
11	66 682	19 602	13 001	30 554	6660	8696	6730	5009	4790	3694
12	83 312	21 313	7691	84 157	8372	8092	7353	5702	4153	3756
13	77 820	26 690	9915	68 406	8755	8337	6042	5372	4665	3501
14	65 562	29 498	10 528	60 303	8898	9867	7060	5514	4047	3598
15	71 364	28 712	9831	57 647	7419	9512	6976	5078	4733	3518
16	88 973	24 245	12 620	59 424	7 688	8830	6207	5995	4790	3839
17	92 166	30 648	8718	91 556	7 444	8898	7250	5119	4263	3706
18	87 711	31 515	14 059	63 090	8596	9534	7608	5045	4709	3617
19	92 802	18 621	14 587	61 385	7816	8660	6668	5496	4128	3594
20	85 335	17 587	10 101	64 518	7020	10 235	6849	5045	4144	3506
21	73 046	26 569	10 101	68 362	7896	8371	6274	5601	4805	3672
22	64 901	28 813	8472	71 297	8261	8809	7748	5990	4699	3535
23	54 564	25 055	17 067	64 533	8704	8619	6316	5792	4810	3575
24	56 907	30 903	16 445	80 185	6818	8873	6442	5230	4208	3970
25	59 825	31 725	19 534	58 367	6808	10 830	6910	5264	4266	3950
26	59 526	42 884	16 695	61 190	6705	10 855	6324	5604	4 397	3728
27	58 179	33 888	18 415	60 638	7932	9575	6474	5186	4890	3761
28	57 389	41 827	19 173	58 621	7660	10 180	6494	5072	4951	3990
29	78 085	37 611	19 176	67 729	7710	10 636	6095	5800	4753	3577
30	71 723	28 244	17 486	55 309	8166	8107	6745	5981	4263	3888
31	62 996	39 712	17 282	59 937	7070	10 005	7273	5797	4246	3738
32	41 585	34 915	18 616	70 139	9245	8233	6561	5364	4825	3511
33	41 160	39 999	20 016	71 624	8304	9152	7613	5119	4640	3962
34	35 123	44 716	17 384	68 701	8893	10 150	6933	5270	4012	3722
35	44 515	44 988	15 568	57 354	8706	10 211	7206	5097	4236	3794
平均值	68 507	29 463	14 375	60 833	7897	9350	6722	5418	4534	3710
标准差	14 629	7957	4060	12 871	762	897	529	316	323	146

同理，对统计周期内各渠道的每日转化量、平均转化成本也做这样的数据清洗，最后选取了 31 天的样本数据。如表 7-2 所示，是基于样本数据计算的各广告渠道的日均注册量和平均注册成本，对应第一步中的四个评分指标的前两个。

表 7-2　各广告渠道的日均注册量和平均注册成本

广告渠道		日均注册量	平均注册成本（元）
应用商店	OPPO	1471	46.2
	vivo	717	41.7
	小米	293	51.3
	应用宝	1419	43.1
	百度	231	34.9
SEM	百度	324	29.1
	神马	229	29.3
信息流	今日头条	245	22.5
	百度	195	23.6
	UC	129	29.2

接着，我们计算第三个维度，即投放稳定性的数据指标。如表 7-3 所示，我们计算出各渠道日均注册量、平均注册成本的离散系数，计算公式为标准差和平均值之比，同时将两个指标的离散系数之和作为该渠道整体的离散系数，用于衡量该渠道的投放稳定性。

表 7-3　各广告渠道的转化数据的离散系数

广告渠道		离散系数－注册量	离散系数－注册成本	离散系数－综合
应用商店	OPPO	0.15	0.19	0.34
	vivo	0.19	0.13	0.32
	小米	0.27	0.18	0.45
	应用宝	0.12	0.08	0.20
	百度	0.14	0.17	0.31
SEM	百度	0.06	0.12	0.18
	神马	0.09	0.12	0.20
信息流	今日头条	0.13	0.15	0.27
	百度	0.13	0.13	0.26
	UC	0.13	0.12	0.24

最后是流量增长性的评分维度，如表 7-4 所示是各广告渠道的注册量均值和 TOP 50% 注册量均值，二者的比值即为流量增长性指标，一般是大于 1 的，该指标的数值越大则说明该渠道的转化量的增长空间越大。

表 7-4 各广告渠道的流量增长性指标

广告渠道		日均注册量	TOP50% 日均注册量	比值
应用商店	OPPO	1471	1646	1.12
	vivo	717	824	1.15
	小米	293	357	1.22
	应用宝	1419	1552	1.09
	百度	231	260	1.13
SEM	百度	324	340	1.05
	神马	229	247	1.08
信息流	今日头条	245	272	1.11
	百度	195	217	1.11
	UC	129	143	1.11

需要强调的是，投放稳定性和流量增长性是互相制约的两个维度，从数据上来看，投放稳定性越好，则流量增长性越差。这种设计正是为了对广告渠道的综合投放效果有准确的评估。

第三步，数据标准化。

数据标准化的意义在于去除量纲，使不同量级、不同单位的数据指标能共同参与模型构建。数据标准化的方法有很多，常见的包括 Min-Max 标准化、z-socre 标准化和 log 函数转换等。根据我的经验，对于不同维度的数据指标，在数据标准化上略有一定的差异，下面具体阐述。

如前文所述，我们确定了四个维度的评分指标，以最常见的 10 分制为例，我们需要将全部维度的指标转化为 1～10 分的分制，然后再加权计算。

如表 7-5 所示是各渠道转化量的数据标准化及 10 分制评分。这里数据标准化采取的是 Min-Max 标准化。其公式为：新数据 =（原数据 – 最小值）/（最大值 – 最小值），将全部数据转化为 0～1 的不同值。所以可以看到，最大值为 OPPO 渠道，标准化后的数值是 1.00，而最小值是 UC 渠道，标准化后的数值是 0。然后以 0.1 为一档，将标准化后的数值转化为 10 分制。

表 7-5 转化量指标的数据标准化和评分

广告渠道		日均注册量	Min-Max 标准化	10 分制
应用商店	OPPO	1471	1.00	10
	vivo	717	0.44	5
	小米	293	0.12	2
	应用宝	1419	0.96	10
	百度	231	0.08	1
SEM	百度	324	0.15	2
	神马	229	0.07	1
信息流	今日头条	245	0.09	1
	百度	195	0.05	1
	UC	129	0.00	1

如表 7-6 所示是各渠道转化成本的 10 分制评分。因为有目标成本的考核，不适用常规的数据标准化。可以看到，我们不是用同一个 40 元目标成本进行考核，而是根据广告投放 ROI 对不同广告类型做了目标成本的修正。计算平均注册成本和目标成本之比，以每 0.05 为一档，在 0.75～1.25 之间划分 1～10 分，低于 0.75 的按 0.75 算，高于 1.25 的按 1.25 算。数值越低即注册成本越低，评分也越高，例如数据表中的信息流—今日头条渠道。

表 7-6 转化成本指标的数据标准化和评分

广告渠道		平均注册成本（元）	目标成本	比值	10 分制
应用商店	OPPO	46.2	40.0	1.15	2
	vivo	41.7	40.0	1.04	4
	小米	51.3	40.0	1.28	1
	应用宝	43.1	40.0	1.08	3
	百度	34.9	40.0	0.87	8
SEM	百度	29.1	36.0	0.81	9
	神马	29.3	36.0	0.81	9
信息流	今日头条	22.5	30.0	0.75	10
	百度	23.6	30.0	0.79	9
	UC	29.2	30.0	0.97	6

如表 7-7 所示是各渠道投放稳定性的数据标准化及 10 分制评分，如表 7-8 所示是各渠道流量增长性的数据标准化及 10 分制评分，数据标准化采用的仍是 Min-Max 标准

化。对于投放稳定性指标来说，数值越低，代表标准差与平均值之比越小，说明投放越稳定，即评分越高，例如数据表中的 SEM–神马渠道。对于流量增长性指标来说，数值越高，说明渠道放量的空间越大，即评分越高，例如数据表中的应用商店–小米渠道。

表 7-7 投放稳定性指标的数据标准化和评分

广告渠道		离散系数–综合	Min-Max 标准化	10 分制
应用商店	OPPO	0.34	0.59	5
	vivo	0.32	0.52	5
	小米	0.45	1.00	1
	应用宝	0.20	0.09	10
	百度	0.31	0.48	6
SEM	百度	0.18	0.00	10
	神马	0.20	0.10	10
信息流	今日头条	0.27	0.35	7
	百度	0.26	0.30	7
	UC	0.24	0.24	8

表 7-8 流量增长性指标的数据标准化和评分

广告渠道		流量增长性	Min-Max 标准化	10 分制
应用商店	OPPO	1.12	0.41	5
	vivo	1.15	0.59	6
	小米	1.22	1.00	10
	应用宝	1.09	0.26	3
	百度	1.13	0.45	5
SEM	百度	1.05	0.00	1
	神马	1.08	0.17	2
信息流	今日头条	1.11	0.36	4
	百度	1.11	0.38	4
	UC	1.11	0.35	4

第四步，权重测试和确定。

权重的设定需要适用于现阶段的首要推广目标。表 7-9 列举了几类推广目标和对应的权重设置，数值仅供参考，具体建模时还需要大家根据实际情况进行调整。

表 7-9　各维度指标的权重设计

推广目标	各维度指标的权重			
	转化量（%）	转化成本（%）	投放稳定性（%）	流量增长性（%）
流量增长优先	50	10	10	30
成本调控优先	30	50	10	10
稳定投放优先	50	10	30	10

有朋友可能会问，这样简单的权重设计，会不会过于理想化了？这个问题我也思考了很久，参考了不少资料，决定还是用简单地以10%为最小单位的权重设计。先做起来很重要，毕竟1比0大很多，后期还可以不断迭代优化。

2017年4月19日，哈佛商业评论网站发表了一篇文章《为复杂决策创造简单规则》（Creating Simple Rules for Complex Decisions）。丹尼尔·卡尼曼在《思考，快与慢》这本书里，也专门讲过这个思想。简单来说就是：

1）选择几个你认为对结果有重要影响的因素，不要超过六个。

2）按照比如说满分十分的统一标准，对每个因素打分。

3）把分数简单相加获得总分。

书中最有意思的一个事实是，你使用更复杂的评分办法，或者是计算权重，或者是用什么大数据统计算法，得到的结果并不会比简单方法好很多。

这并不是说权重没有用，而是说不必在一开始就纠结权重设计是否科学。

第五步，计算综合评分。

根据和客户沟通的情况，我们把流量增长定为优先的推广目标。即这四个维度指标的权重分别为50%、10%、10%和30%。如表7-10是根据各维度的评分加权计算的结果。

第六步，评估渠道效果，梳理优化思路。

如表7-10所示，可以看到，应用商店–OPPO、应用商店–应用宝这两个渠道的总分最高，应作为重点关注的渠道；其次是应用商店–vivo和应用商店–小米，其余几个渠道的总分相差不大。

表 7-10　各渠道广告效果的综合评分

广告渠道		各维度指标的 10 分制评分				加权总分
		转化量	转化成本	投放稳定性	流量增长性	
应用商店	OPPO	10	2	5	5	7.2
	vivo	5	4	5	6	5.2
	小米	2	1	1	10	4.2
	应用宝	10	3	10	3	7.2
	百度	1	8	6	5	3.4
SEM	百度	2	9	10	1	3.2
	神马	1	9	10	2	3.0
信息流	今日头条	1	10	7	4	3.4
	百度	1	9	7	4	3.3
	UC	1	6	8	4	3.1

转化成本调控方面：应用商店–OPPO、应用商店–小米、应用商店–应用宝的注册成本均较高，亟待优化。

投放稳定性方面：应用商店–小米渠道相对比较差，需要进一步挖掘原因，回到表7-3，可知主要是应用商店—小米渠道的注册量比较不稳定造成的。

流量增长性方面：应用商店–小米是最具增长空间的渠道；其次是应用商店—OPPO、应用商店–vivo 和应用商店–百度。

综上，各渠道的优化思路如表 7-11 所示。

表 7-11　各渠道的优化思路

广告渠道		优化思路
应用商店	OPPO	在保证转化量稳定前提下，优先降成本
	vivo	在保证转化成本可控的前提下，优先放量
应用商店	小米	先尽可能放量，待流量显著增长后再优化成本
	应用宝	在保证转化量稳定前提下，优先降成本
	百度	在转化成本上涨到目标成本前，优先放量

(续)

广告渠道		优化思路
SEM	百度	在转化成本上涨到目标成本前,优先放量
	神马	在转化成本上涨到目标成本前,优先放量
信息流	今日头条	在转化成本上涨到目标成本前,优先放量
	百度	在转化成本上涨到目标成本前,优先放量
	UC	维持现状

第七步,优化执行。

根据第六步的优化思路,将前面章节中介绍的数据分析方法论应用在本次广告优化中,根据实际投放数据实时调整。

7.3.3 效果评估

下面我们来看看,对各广告渠道统筹优化后的效果。如表 7-12 所示,可以看到效果还是很可观的,在平均注册成本略微下降 1.4% 的基础上,日均注册量增长超 300,增长率近 6%。更重要的是每一个渠道都在原来基础上有不同程度的优化。基于新的数据可以重新对各渠道进行评分,制定新一期的优化策略,实现多广告渠道长期的统筹优化。

表 7-12 各渠道的统筹优化前后的

广告渠道		优化前		优化后		增长率 (%)	
		日均注册量	平均注册成本	日均注册量	平均注册成本	日均注册量	平均注册成本
应用商店	OPPO	1471	46.2	1433	42.7	−2.6	−7.6
	vivo	717	41.7	793	42.3	10.6	1.4
	小米	293	51.3	339	48.6	15.7	−5.3
	应用宝	1419	43.1	1404	41.5	−1.1	−3.7
	百度	231	34.9	283	39.7	22.5	13.9
SEM	百度	324	29.1	376	33.8	16.0	16.3
	神马	229	29.3	268	34.5	17.0	17.9
信息流	今日头条	245	22.5	295	27.3	20.4	21.1
	百度	195	23.6	233	28.1	19.5	19.2
	UC	129	29.2	133	28.8	3.1	−1.3
合计		5253	40.4	5557	39.8	5.8	−1.4

7.4　本章小结

多广告推广渠道的统筹优化涉及的影响因素非常多，包括但不限于广告类型、广告媒体属性、推广考核 KPI 等多方面，这对于综合效果评分模型的搭建提出了较高的要求。多广告渠道的统筹优化是一项复杂的"系统工程"，希望大家读者不要拘泥于数据指标和模型本身，多从数据分析需求出发，建立数据指标与广告效果的关联，掌握数据分析方法论，更加系统化地思考和解决多广告渠道统筹优化中遇到的问题。

Chapter 8　第 8 章

广告优化的未来会好吗

本章主要从互联网广告行业内的 3 种角色出发，通过对角色期待与认知偏差的分析，帮助各位更深刻地理解互联网广告这一商业模式。广告优化师作为最接近广告数据分析和效果优化的岗位，不仅要埋头修炼内功，做好账户优化，更要抬头看路，对行业发展保持敏感，积极寻求岗位晋升和个人成长。

8.1　广告业内的 3 种角色

广告业内 3 种最重要的角色，分别是媒体方、甲方—广告主、乙方—广告代理商。

图 8-1 阐述了其各自的特点和相互关系。

	媒体	甲方—广告主	乙方—广告代理商
产品/服务	广告位，即可以转化为广告主用户的流量	因行业而异	广告优化的服务，提升广告 ROI
核心价值	聚集用户注意力，掌控流量入口，有较强的议价能力	有广告预算，愿意花钱买各种流量	与广告主建立客户关系，帮助媒体售卖广告资源
利益诉求	提高每一单位流量的变现价值	提升每一单位广告花费的投入产出	让甲方满意，愿意长期合作，多花预算；让媒体满意，愿意给予更多的资源支持

图 8-1　广告业内 3 角色关系图

8.1.1 角色期待

1. 媒体方——流量主

媒体方，之所以能成为媒体，在于它有流量。这是一个业内惯用的词汇，深究的话，流量是什么呢？业内有各种各样的说法，有的朋友认为是用户访问数量，有的朋友认为是用户停留的时间，他们都从各自的角度出发，说明了流量的一些特性。下面我想从广告本质的层面，试着阐述互联网流量和媒体得以产生的基础。

首先讲一个故事，关于广告的起源。

1833 年在纽约，一个叫本杰明·戴的年轻人，创办了一份自己的报纸《纽约太阳报》，这份报纸从一开始就与众不同，定价只要 1 美分，连印刷成本都不够，但本杰明·戴打算靠广告赚钱。而当时没有人知道"广告"是什么，也没有这个概念。那时候的报纸，上面的广告和新闻是没有明显区分的，广告是作为对顾客有用的信息放在报纸的公告栏里，并没有商业化。《纽约太阳报》的做法，一炮而红，成功培养了市场，1 年之内就成了当地最大的报纸。

本杰明·戴的目标很明确，就是为了赚钱，而且赚的不是读者的钱。读者，其实是他的产品的一部分；商家（或者用现在的话来说是广告主），才是他的客户。他吸引读者的注意力，再把注意力转卖给商家（广告主）。

从这个角度来说，100 多年前的《纽约太阳报》和今天的 Facebook、今日头条、小米应用商店都是一样的，这种叫作"媒体"的事物，都是"注意力商人"。

吴修铭先生在《注意力商人》中总结了人的注意力有两个特点。

第一，我们无时无刻不在花费注意力，随时产生随时花掉，既不能关闭也不能储存。对于广告主来说，要争夺人们的注意力是有充分机会的。

第二，人的大脑非常善于忽略信息，虽然我们每天接收了各种各样的信息，但绝大部分都被我们忽略了，越常见的越容易忽略。但人脑的适应能力很强，哪怕是新奇的内容，也会很短时间变成熟悉的事物，然后继续被忽略。

综上可知，注意力的生意其实不好做，内容提供者（也就是媒体）必须不断推陈出新，加大剂量给读者刺激。最简单直接的策略，就是内容朝低俗化的方向发展。

另一方面，以内容为核心的用户注意力争夺战上升了维度，从最早的纯文字到图文，再到现在的长视频、短视频。

盘点一下市面上的主流广告媒体能聚集用户注意力的基础。

社交广告：社交是刚性需求，用户几乎每天都要用，而且社交内容都是用户产生的、新的，所以能吸引用户的注意力。

SEM 广告：搜索是刚性需求，用户几乎每天都要用，而且搜索结果页往往也是陌生的，用户需要认真浏览从而找到自己想要的信息。

资讯信息流广告：资讯是刚性需求，而且现在的兴趣推荐算法非常强大，用户看到的多是自己感兴趣的内容。

应用商店广告：安装 App 是刚性需求，某些应用商店首页的个性化推荐，也迎合了用户的相关需求。

短视频广告：内容形式比图文更丰富，基于用户感兴趣的内容推荐能满足不同用户的消费需求。

回到开头的问题，媒体之所以成为媒体，在于能聚集用户的注意力，这也是流量的本质。

基于此，我们对媒体这一角色有着诸多期待。

1）媒体的用户规模要足够大。在选择媒体投放广告时，广告主优先选择的是用户量大的媒体，这样能在同一时间内覆盖更多的目标受众。

2）媒体这一流量池中，各广告主的目标人群浓度要足够高。这里要区分综合媒体和垂直媒体。对于综合媒体来说，各种各样的用户越多越好，这样能覆盖更多行业的广告主和不同的广告投放需求，比如今日头条近 3 亿的月活用户量，基本覆盖了 1/4 的移动网民，各年龄段、各城市等级、各消费层次的用户人群哪怕占比较低，乘上3亿的月活用户量，绝对值也是极为可观的。而对于垂直媒体，用户人群的特征要绝对明显；比如雪球上的用户多是有理财需求的中高端人群，而宝宝树上的用户多是孕婴阶段的父母等。

3）媒体的广告平台应是稳定的。主要包括几方面的内涵：一是媒体的流量要保持稳定，最好能稳中有涨的趋势；二是广告主通过在媒体上投放广告来获取用户要稳定，这样对于合理安排广告预算和业绩预估都是非常重要的；三是媒体平台的广告资源、广告触发机制等一系列相关规则，应在一段时间内是不变的，这种不变与平台本身优化迭代是不冲突的。

4）媒体的广告平台应是精确的。主要包括这几个方面：一是媒体广告平台提供的数据应有明确的定义，且这个定义是业内达成共识的；二是媒体广告平台提供的数据应是真实有效的，这一点非常重要，试想如果数据是作假的，我们整本书探讨的广告数据定量分析就是一个笑话。三是广告平台应能提供用户精分的支持，即用户人群的精细化分割和触达，广告优化中更常见的说法是广告定向。广告定向的广度和精度缺一不可，广度指可定向的维度要丰富，包括用户年龄、城市、操作系统、搜索过的关键词、最近安装过的App等；精度指广告定向的准确性，比如定向30岁以下用户，这个30岁以下是媒体广告平台提供的数据，可能来自用户的自愿填写、媒体的算法模型估算等，与广告目标受众的实际情况可能存在偏差，比如可能实际触达的用户中有10%的在30岁以上。

2. 甲方——广告主

广告主是花钱的，亦是互联网流量变现这一商业模式的关键。

我们对广告主这一角色的期待有：

1）广告主应是理性的。本章开头我已经对广告主的利益诉求做了概括，即提升每一单位广告花费的投入产出。理性的广告主应一切以数据说话，多一点客观洞察，少一点主观偏见。

2）广告主应是开放且积极合作的。广告主唯一了解广告的真实效果的，不仅是转化率、转化成本等，还有具体的 ROI 边界。如果广告主能以更开放的态度，与广告代理商、媒体开展合作，在保护自己核心机密的前提下，包括但不限于对效果数据、用户画像、用户行为偏好等方面的分享，相信广告投放的整体效果将有一个质的飞跃。

3）广告主应是对广告数据分析和效果优化有充分认知的。广告数据分析是有边界的，最起码对广告数据的真实准确性有较高的要求；同时，影响广告效果的因素非常杂多，我们能调控的只是其中一部分。所以，一方面广告主应相信科学的广告数据分析对于提升投放效果是有价值的，另一方面也不应对广告优化抱有过多不合理的期望。

3. 乙方——广告代理商

广告代理上的出现是必然的。

对于广告主来说，一家广告代理商或许同时代理了很多家媒体的广告资源，广告主可以实现一站式采购，省去了与各家媒体一对一的沟通成本。对于少数的大广告主来说，广告代理商的价值不算突出，毕竟可以直接和媒体合作；但对于更多的中小广告主来说，在媒体面前是相对弱势的，广告代理商则会更用心地为其服务。

对于媒体方来说，广告代理商帮助解决了很多问题，比如：

在媒体和广告主之间有一个沟通和缓冲；不用雇佣数量庞大的中低级广告优化运营人员来服务大多数的中小客户，可以把精力放在大广告主的客户关系维护上等。

我们对于广告代理商的角色期待有如下：

1）广告代理商应是代表了广告主利益的，彼此之间相互信任，合作共赢。如同花钱雇律师帮忙打官司，我们同样希望广告代理商能站在广告主的利益这一边，为其出谋划策，提供优质服务。

2）广告代理商应是和媒体建立良好合作关系的。对于广告主来说，一个媒体关系过硬的广告代理商，意味着将会省去很多麻烦，自己的诉求也能传达到媒体方；同时遇到一些紧急情况，可以破例解决一下，比如广告创意催审之类的。

3）广告代理商应具备良好的广告数据分析能力，能使广告效果确实得以优化。广告代理商从媒体那里获得前端数据，从广告主那里获得后端数据，计算转化率、转化成本等，并以自己的优化运营经验，帮助广告主提高广告投放的 ROI。

8.1.2 角色冲突与认知偏差

1. 媒体方——流量主

媒体方出于"提高每一单位流量的变现价值"这一利益诉求，会有一些与我们的期待不相符的行为。下面列举几个比较有代表的。

1）夸大实际用户规模，过度包装广告投放效果。总之，媒体希望广告主认为这里的流量是稳定增长的，用户都是具有营销价值的，各种各样的用户人群都是可以触达的。

2）捆绑销售广告资源，不支持过于精细化的广告监测，尽可能延长广告主的广告投放生命周期。

3）营造舆论倾向，鼓励各行业广告主互相竞价争夺流量。

2. 甲方——广告主

甲方广告主出于"提升每一单位广告花费的投入产出"这一利益诉求，同样会做出一些与角色期待有所冲突的行为。下面列举几个比较有代表的。

1）存在一些没有数据支持的主观偏见。他们的很多观点支持，可能是自己主观的经验判断，或是圈子内的小道消息。典型特征就是知道很多广告优化的"技巧"，但对于数据分析的常识缺乏了解。

2）不够开放，不愿提供数据方面的支持合作。可以理解，在如今的 DT（数据科技）时代，数据无形之中已成为各家企业的数字资产，尤其涉及广告预算、获客成本等数据更是商业机密。但因为数字广告投放的现有模式，后端数据完全掌握在甲方广告主自己手上，直接进行广告效果优化的乙方广告代理商想要获取这部分数据，唯有依赖广告主提供。大多数广告主对于这部分数据讳莫如深，一般反馈都是比较主观定性的，例如成本很高、成本有点高、还不错之类的措辞。对于乙方的广告效果优化没有多少参考价值，可能只会据此判断一下客户的满意度吧。

3. 乙方——广告代理商

前文角色期待中提到，乙方广告代理商应是代表了广告主利益的。但实际上，广告代理商的利益是与媒体绑定的，它的收入主要来自于媒体的"返点"，即媒体从广告主花费的广告费用中给予代理商一定比例的分成。基于此，也就不难理解广告代理商的一些行为。

1）比起实际的广告效果，广告代理商更关注广告主的满意度，是否能尽可能提升广告预算。与之相比，广告效果只是影响广告主满意度的一个因素，有时候还不如客户关系更受重视。

2）媒体方经常会有一些新的广告产品推出，广告代理商会不遗余力地帮助其向广告主推销。大部分广告主抱着试一试的心态，但一般来说，这种新的广告产品都不太成熟，也不适合所有的行业和广告主。

8.1.3 囚徒困境

1. 囚徒困境的理论由来

1950年，就职于兰德公司的梅里尔·弗拉德（Merrill Flood）和梅尔文·德雷希尔（Melvin Dresher）拟定出相关困境的理论，后来由顾问阿尔伯特·塔克（Albert Tucker）以囚徒方式阐述，并命名为"囚徒困境"。

经典的囚徒困境如下：

警方逮捕甲、乙两名嫌疑犯，但没有足够证据指控二人有罪。于是警方分开囚禁嫌疑犯，分别和二人见面，并向双方提供以下相同的选择：

若一人认罪并作证检举对方（相关术语称"背叛"对方），而对方保持沉默，此人将即时获释，沉默者将判监 10 年。

若二人都保持沉默（相关术语称互相"合作"），则二人同样判监半年。

若二人都互相检举（互相"背叛"），则二人同样判监 2 年。

逻辑关系如表 8-1 所示。

表 8-1 囚徒困境逻辑表

	甲沉默（合作）	甲认罪（背叛）
乙沉默（合作）	二人同服刑半年	甲即时获释；乙服刑 10 年
乙认罪（背叛）	甲服刑 10 年；乙即时获释	二人同服刑 2 年

囚徒困境在生活中无处不在，大到一国与另一国的军备竞赛，小到公司管理、加班文化等。

如前文所述，在互联网广告生态中，存在媒体、乙方广告代理商、甲方广告主的三方博弈。又因为，乙方的利益和媒体是捆绑的，基本可以简化为双方博弈。

2. 数字广告生态囚徒困境

对于广告主、媒体和广告代理商来说，也存在类似囚徒困境的几种选择：

1）广告主选择合作，把自己的后端数据和成本 KPI 告知；媒体和广告代理商选择背叛，以此"拿捏"广告主，在与行业同类广告主打交道时作为参考。媒体和广告代理商选择合作，把一些敏感的数据和信息告知；广告主选择背叛，以此"拿捏"对方，严格控制广告预算。

2）广告主和媒体及广告代理商双方均选择背叛，即双方抱有不信任，沟通中真话假话掺杂，数据和信息的共享非常有限，对于广告优化非常不利。

3）双方均选择精诚合作，互相信任，数据和信息实现充分共享，广告优化卓有成效。

从现实经验可以看出，第二种情况是最普遍的，第一种情况是不会稳定存在，第三种情况是非常罕见的。

再回到囚徒困境的理论模式。囚徒困境成立的前提是，参加博弈的每一方的利益考量，满足下面这个公式：

背叛诱惑（单独背叛成功所得）＞合作报酬（共同合作所得）＞背叛惩罚（共同背叛所得）＞受骗支付（被单独背叛所获）

博弈的每一方对于对方会选择是"合作"还是"背叛"无从得知，无论对方如何选择，自己选择"背叛"或许都是最优的策略，如此造成"囚徒困境"的局面。

那么，对于广告优化来说，如何打破"囚徒困境"呢？这里提供一些思路，供大家参考。

1）提高对方单方面背叛的成本。例如，把数据保密条款写到合同里。

2）双方应从一开始就表现出极大的合作诚意，这样做至少使得工作有一个比较好的开始，如果对方也是很真诚合作的，那就非常好了。

3）多关注数据，而非一些无关紧要的细节失误。无论是媒体的运营、乙方的广告优化师，还是甲方的渠道负责人，大家都很辛苦，谁不是一个人对接很多客户或者供应商，一些细节失误难免存在，小题大做，借题发挥的人不在少数。除了徒增双方不信任，对于广告效果优化实属无益。

4）尽可能实现数据和信息的共享。有第1条保密条款垫底，在数据，尤其是获客成本的同步上，其实可以用很多创造性的思路。以甲方广告主为例，乙方想得到的反馈不是"高，很高，有点高"这类主观定性的信息，而是"比目标成本高出10%"这类精确定量的信息；所以，甲方广告主可以自己设置一个目标成本，最好是长期相对稳定不变，每一天的获客成本转化为以目标成本为基准的相对值（比如，昨天是120%，今天是115%），而不再是一个绝对值（比如，43元）。

8.2 广告优化的作用

8.2.1 广告优化的边界

广告优化是有边界的。这一边界取决于多方面因素,包括行业竞争格局、主流买量渠道的现状、产品的业务范围和目标受众、企业家的战略眼光、运营推广负责人的经验、具体广告优化实操人员的认真敬业等。

1. 宏观层面

- 行业竞争越激烈,各家广告竞争也是针锋相对,此时广告优化的价值更加凸显。
- 主流买量渠道就那么多,新兴渠道可能有潜力并且还是红利期,无不需要密切关注。

2. 中观层面

- 产品的业务范围决定了其覆盖用户的多寡,垂直类的目标受众肯定是比综合类要少很多的,用户获取难度也更大。
- 在应该烧钱买量圈用户的时候,企业家是否有这个战略洞察和魄力。
- 运营推广负责人是否有足够的经验统筹各推广渠道,也决定了广告投放的综合效果。

3. 微观层面

- 具体广告优化实操人员如果多认真敬业一点,把广告数据分析做得更细致一些,把预算和成本控制得更严一点,点滴积累最终会得到一个很可观的成果。
- 广告优化是服务于广告推广的,广告推广仅是手段,目的是实现用户增长。
- 好的广告优化确实能以比较高的 ROI 将用户"忽悠"过来,但至于能不能让用户留存,让用户付费和复购,这是负责产品和负责运营的人要共同努力的。

我们不能期望广告优化解决广告推广的全部问题,也不能奢望广告优化人员就能解决广告优化的所有问题。

综上，良好的内、外部环境，充足的媒体和乙方的资源支持，最多是扩展了广告优化的边界，但边界依然存在。

8.2.2　广告优化的展望

对媒体方来说，广告收入最大化是核心诉求，竞价排名的本质是通过歧视定价挖掘广告主的消费价值，广告优化则为媒体、广告代理商和广告主三方博弈提供了一个缓冲地带，毕竟有广告优化的成功案例，让大家看到了一些可能。

对于乙方广告代理商来说，广告优化是各家差异化竞争力的重要组成，仅次于标准化的广告媒介资源、妙不可言的客户关系。随着互联网投融资大环境趋冷，精细化运营成为共识，广告投放 ROI 的考核将会越来越严格，广告优化水平的高低将直接影响乙方的客户拓展和营收增长。

对于甲方广告主来说，广告优化是为了完成 KPI 的一种努力。对于绝大多数甲方来说，广告预算的增长速度是赶不上 KPI 增长的，这就对获客成本提出了更高的要求，广告优化的重要性也更加凸显。

笔者坚信，至少在未来五年内，广告优化这件事情依然很重要，对于利益相关的多方的价值也依旧如此。所以，如何修炼自己，在未来的竞争中占据一席之地呢？

8.2.3　广告优化师的精进之道：内部创业者

本书的副标题是"如何成为一名厉害的优化师"，笔者花了大量的笔墨和各位读者探讨广告优化中的统计学思想、广告数据分析方法论、几大主流广告类型的优化方法论等。但真正想成为一名厉害的广告优化师，只是业务能力出色还远远不够。这里，想结合笔者个人的职业发展经历，分享一些心得体会，希望各位业内朋友可以有所借鉴和指导。

广告优化师可以说是整个互联网广告生态中人员数量最多、层级相对较低、工作比较辛苦、最有发展潜力同时瓶颈又明显的一个岗位。

任何一个不安于现状，想有更好发展的广告优化师都可以考虑在以下几方面精进修炼。

1）将自己定位为一个"内部创业者"，学会争取公司内外的资源支持。

2）在乙方代理商工作期间，兢兢业业，不一定要达到"专业"，但一定要"靠谱"和"敬业"。这样至少能赢得公司内部管理层的信任，有更多机会接触大客户、大项目。如果有可能，慢慢学着总结一些广告优化的方法论，注意不是成功案例包装，而是有逻辑、有数据支撑的方法论。每一行都会有特定的自媒体，多阅读学习其他同行的文章，自己尝试写一点并且投稿，个人品牌就是如此一点一滴树立起来的。是金子总会发光，公司管理层会看到你的成果，你便会有更多的机会展现自己的才华；退一步说，哪怕现在的公司不识货，这些成果也可以写到简历里，为你的跳槽加码。

3）如果有与媒体方的运营人员打交道的机会，一定要好好把握。媒体方的运营人员对广告商业产品的理解比任何人都深入，加上深耕几个行业，与广告主的交流更多，对于流量获取和成本控制的看法很具有参考价值。除此之外，媒体方的运营岗位也是未来可跳槽的选择。

4）有和广告主打交道的机会，也尽量不要错过。一方面，是争取一个"见面情"，从心理学角度来说，你和客户见过面，有利于双方建立信任，减少沟通成本。另一方面，多留心广告主的一些普遍的观点和看法，学着站在他们的位置思考问题，对于未来的沟通成效、提高客户满意度都是很有价值的。除此之外，甲方的运营推广岗位也是未来可跳槽的选择。

5）混圈子是一件很重要的事情，有利于自己开阔视野，收获人脉和资源。各行各业都有自己的圈子，广告优化往小了说是渠道运营，往大了说是市场推广、数字营销。这里推荐各位读者关注下面几个社群或平台，本人从中收获颇多。

- iCDO 互联网数据官（公众号、网站）

由业内大咖宋星老师创立，国内首家聚焦于互联网数据分析与应用的行业中立平台，英文全称为 Internet Chief Data Officer。iCDO 旨在为互联网数据从业者、爱好者、服务商和使用者提供全球最前沿、最新鲜、最有价值的行业干货，促进和推动互联网数据分析和应用行业的全面发展。

- 艾奇在线（公众号、网站）

成立于 2015 年，致力于为互联网营销从业者提供在线职业培训、招聘求职、广告服务对接等服务，拥有微信公众号"艾奇 SEM"、学习平台"艾课网"等，全方位帮助 20 万广告优化师职业成长。

- 姑婆那些事儿（公众号、网站）

姑婆那些事儿成立于 2014 年，是一个互联网推广运营知识分享和服务的平台。通过微信公众号、姑婆网、各大媒体专栏等平台为广大用户分享以推广运营为主的各类互联网知识，并以持有专业的互联网技术、拥有大量的高质量粉丝及掌握极具影响力的合作渠道为优势，为有需求的企业提供各类推广服务。

- 鸟哥笔记（公众号、网站）

鸟哥笔记创立于 2010 年，专注于运营推广干货分享，内容涵盖各类互联网运营、App 推广、社群营销、裂变增长、新媒体营销、以及抖音、头条号、小红书运营等实操经验案例，致力于帮助从业者通过日积月累的学习，提升专业技能！

6）掌握一些广告技术原理方面的知识，有利于更好地理解广告平台、产品和工具，推荐以下书籍和博客。

- 《程序化广告实战》（微信公众号：ad_automation）

业内大咖吴俊老师在书中，对基于大数据驱动的程序化广告体系、行业生态、各方利益诉求、基础概念、技术点，以及如何定量优化都做了深入阐述。同时对从业者在大趋势下，如何职业规划及发展也给出了中肯的建议。

- 吆喝科技官网博客（www.appadhoc.com/blog）

由业内大咖王晔老师于 2014 年 10 月创建，是国内领先的 A/B 测试云服务提供商。

其官网博客上有丰富的学习资源，从小白入门到高手进阶，从技术原理到案例讲解，适合所有对 A/B 测试感兴趣的朋友。

当你真正把自己当作一个"创业项目"，成为自己的产品经理，去规划个人成长和职业发展，那种发自内心想要成为一个更厉害的人的想法，会为你提供源源不断的行动力。

祝各位好运！

8.3　本章小结

随着 AI 技术在互联网广告投放的成熟应用，一部分优化师的工作已经可以被 AI 取代，站在这样一个十字路口，我们不禁要问，"广告优化的未来会好吗？"这个问题很难回答，但作为每一个个体，我们只能拥抱变化。快速学习新的工具和方法，培养自己的解决问题能力，构建 AI 所不具备的核心竞争力，才能在未来的职业竞争中立于不败之地。